겨레 전통 도감

국악기

겨레 전통 도감 **국악기** (보급판)

기획 · 토박이
글 · 안미선
그림 · 이종민, 임희정
사진 자료 도움 · 강운구

초판 편집 · 김미선, 김미혜, 이주연
교정 · 박근자
디자인 · 이안디자인

편집 · 김성재, 김소영, 김용란
디자인 · 이종희
제작 · 심준엽
영업 · 백봉현, 안명선, 양병회, 이옥한, 정영지
      조병법, 조서연, 최민용
경영 지원 · 임혜정, 전범준, 한선희
원색 분해와 출력, 인쇄 · (주)로얄프로세스
제본 · 과성제책

초판 1쇄 펴낸 날 · 2009년 9월 10일
보급판 1쇄 펴낸 날 · 2016년 4월 30일
펴낸이 · 윤구병
펴낸 곳 · (주)도서출판 보리
출판등록 · 1991년 8월 6일 제9-279호
주소 · (10881) 경기도 파주시 직지길 492
전화 · 031-955-3535 (영업) | 031-950-9542 (편집)
전송 · 031-950-9501
홈페이지 · www.boribook.com
전자우편 · bori@boribook.com

토박이
주소 · (04050) 서울시 마포구 양화로 156
LG팰리스빌딩 918호
전화 · 02-323-7125 | 전송 · 02-323-7126
전자우편 · tobagi3@empal.com

ⓒ 토박이, 2009
이 책의 내용을 쓰고자 할 때는 저작권자와 출판사의
허락을 받아야 합니다.
잘못된 책은 바꿔 드립니다.
값 20,000원

ISBN 978-89-8428-924-6 74600
ISBN 978-89-8428-921-5 (세트) 74600
이 도서의 국립중앙도서관 출판예정도서목록(CIP)은
서지정보유통지원시스템 홈페이지(http://seoji.nl.go.
kr)와 국가자료공동목록시스템(http://www.nl.go.kr/
kolisnet)에서 이용하실 수 있습니다. (CIP제어번호 :
CIP2016007917)

국악기

겨레 전통 도감

기획 토박이 ─ 글 안미선 ─ 그림 임희정·이종민

보리

차례

머리말 6
국악기 이야기 8

풍물놀이 10
꽹과리 14
소고 18
장구 22
징 26
태평소 30
풍물북 34

산조 38
가야금 42
거문고 46
대금 50
아쟁 54
퉁소 58
해금 60

풍류음악 64
단소 68
양금 70
피리 74

군례악 78
교방고 84
나각 86
나발 88
용고 90
운라 92
자바라 94
중고 98

제례악 100

고와 도 108
   도
   노고와 노도
   뇌고와 뇌도
   영고와 영도
금과 슬 120
박 124
방향 128
부 130
소 132
약과 적 134
어 140
절고 142
지 144
진고 146
축 148
특경 150
특종 152
편경 154
편종 158
훈 160

연례악 162

건고 166
삭고 168
응고 169
좌고 170

종교 음악 172

경쇠 176
목어 178
목탁 180
범종 182
법고 184
운판 186

그 밖의 옛 악기 188

공후 190
대쟁 196
비파 198
생황 204
월금 206

국악 길잡이 209
국악 용어 표준안 226
찾아보기 228
참고한 책 238

머리말

    이 책에는 여러 가지 국악기가 나와요. 어린이뿐만 아니라 어른들도 아마 처음 보는 것들이 많을 거예요. 피아노나 바이올린 같은 서양 악기는 어려서부터 쉽게 보게 되고, 또 직접 연주해 볼 기회도 있지만 국악기들은 그렇지 못하니까요. 그래서 국악기라고 하면 왠지 낯설고 배우기도 어려운 구식 악기라고 여기는 사람이 많지요.

    저도 이 책에 그림을 그리면서 우리나라에 이렇게 훌륭한 악기가 많다는 사실을 처음 알게 되었답니다. 그 가운데에는 거문고나 가야금처럼 그림을 보면 귀에 익은 소리가 떠오르는 친숙한 악기도 더러 있지만 이름조차 처음 들어 보는 악기도 있었어요. 또, 이 악기는 어떤 소리가 날까, 이 악기는 언제 어디서 무엇을 하려고 연주했을까 궁금한 점도 많았어요. 그러다 보니 자연스레 우리 악기에 대한 관심을 갖게 되었어요.

    만드는 재료, 장식이나 색깔 하나하나에도 깊은 뜻과 멋을 담고 있는 우리 악기들을 그리다 보면 마치 제가 그 악기를 만들어 내는 듯한 기분이 들었어요. 그럴 때면 가만히 눈을 감고 옛 어른들이 악기를 연주하는 모습을 그려 보았지요. 그러면 어디선가 악기 소리가 들리는 듯하면서 아주 가까이에서 조상들의 숨결을 느낄 수 있었어요. 할아버지 할머니가 들려주시는 이야기를 듣는 것처럼 정겹고 포근한 느낌을 이 책을 통해 여러분도 함께 느껴 보아요. 그러다 보면 우리 조상들의 마음을 헤아리게 되고 직접 연주해 보고 싶다는 생각도 들 거예요.

국악기 가운데에는 서양의 피아노나 바이올린에 뒤지지 않는 훌륭한 악기들이 많아요. 우리의 무관심이 그 빼어남을 미처 깨닫지 못했던 거죠. 우선 이 책 속에서 그림으로나마 우리 악기를 만나 보세요. 그리고 작은 피리 하나라도 손에 잡고 친해져 봐요. 국악기는 더 이상 낯설거나 서먹서먹하지 않은, 가장 다정한 벗이 되어 줄 거예요.

자, 어디선가 고운 가락이 들려오지 않나요?

그린 이 임희정

국악기 이야기

그림으로 만나는 우리 악기

    먼 옛날부터 사람들은 악기를 즐겨 연주했습니다. 기쁘고 즐거울 때는 음악을 곁들여 흥을 돋우었고, 슬픈 일이나 힘든 일을 겪을 때도 음악으로 힘을 얻고 시름을 덜었지요. 농사일이 잘되기를 빌 때도, 하늘이나 조상님께 제사를 지낼 때나 나쁜 일을 물리치려고 굿을 할 때도 음악은 항상 함께했어요. 옛 무덤 벽화, 교회나 절에 있는 조각과 그림에서도 악기를 연주하는 모습들을 흔히 만나 볼 수 있지요.

    옛날 사람들은 풀이나 나무, 가죽이나 쇠, 심지어 흙처럼 자연 속에서 만날 수 있는 것이면 무엇이든 소리를 내는 악기로 만드는 기막힌 재주를 지니고 있었나 봐요. 풀잎 하나 꺾어서도, 나무통에 실 몇 가닥 걸어서도, 흙을 빚어 구멍 몇 개 내어서도 아름다운 가락을 연주했으니까요. 쇳조각이나 나무토막도 작은 손놀림 하나로 금세 훌륭한 악기로 바뀌었지요. 이런 것들이 오랜 세월 동안 여러 사람의 손길을 거치면서 아름다운 소리와 모습을 갖춘 의젓한 악기로 자리 잡게 되었답니다. 나라와 민족마다 자연환경이 다르고 삶과 정서도 다르기에 그 가짓수도 헤아릴 수 없을 만큼 많아졌고요.

    우리나라에는 60 가지가 넘는 악기가 전해 오고 있어요. 우리 조상들이 손수 만들어 써 온 악기와 다른 나라에서 들어와 오랜 세월을 지나면서 우리 악기로 자리 잡은 악기를 통틀어 전통 악기라고 하는데 흔히 '국악기'라고 불러요. 우리 조상들은 이 악기들을 치고, 불고, 뜯고, 켜면서 함께 놀고, 일하면서 공동체를 이루며 살아왔어요. 국악기는 이처럼 우리 역사와 풍경 속에 함께 숨 쉬며 살아오면서 조상들의 멋과 흥을 가락 속에 고스란히 담아 왔지요.

그러나 활발하게 연주되던 국악기들은 일제 강점기를 거치면서, 또 급격한 근대화와 함께 들어온 서양 악기에 밀려 점점 그 자리를 잃게 되었어요. 연주법을 잃어버리거나 사라진 악기도 있고요. 국악기는 이런 역사의 아픔까지도 담고 있어요. 그렇기에 더욱 아끼고 키워 나가야 할 겨레의 유산이랍니다.

국악에는 판소리, 시조, 가곡, 가사처럼 사람이 부르는 노래와 풍물놀이, 산조, 풍류음악, 제례악, 연례악, 군례악처럼 악기로 연주하는 음악이 있어요. 이 책에는 이 기악곡들을 연주하는 데 쓰는 여러 국악기 이야기를 그림과 함께 담았어요. 그 가운데에는 오늘날까지 널리 쓰이는 것도 많지만 지금은 박물관에서나 볼 수 있는 것도 적지 않아요. 비록 소리가 끊긴 악기일지라도 옛 모습 속에 살아 숨 쉬는 조상들의 혼과 아름다운 삶의 자취를 느껴 보세요.

요즘 들어 박물관에만 있던 국악기를 다시 살려 보려는 노력을 많이 하고 있어요. 사라진 연주법을 외국에 나가서 배워 오기도 하고 새로운 연주법을 만들어 창작국악에 쓰기도 하지요. 이제는 전통 음악과 더불어 창작국악으로 우리 국악기가 온 세계에 그 소리를 뽐낼 수 있도록 애써 다듬어 나가야 할 거예요.

풍물놀이

꽹과리
소고
장구
징
태평소
풍물북

풍물놀이

풍물놀이는 옛날부터 농부들이 어울리며 즐겨 온 음악이에요. 꽹과리, 북, 장구, 징, 태평소, 소고 같은 악기를 연주하면서 노는 놀이로 흔히 '농악' 이라고도 해요. 연주하는 악기나 연주자 수는 때에 따라 얼마든지 달라질 수 있어요. 악기를 더하거나 빼기도 하고 여러 명이 같은 악기를 다루기도 하거든요. 악기 연주와 함께 춤과 노래, 묘기까지 한데 어우러져서 우리 겨레 정서를 그대로 보여 주지요.

'농자천하지대본' 이라고 쓴 큰 깃발을 든 사람이 앞장을 서면 꽹과리를 치는 상쇠가 풍물패를 이끌어요. 상쇠는 상황에 따라 장단을 바꾸기도 하고 여러 가지 꼴을 이루어 노는 진풀이로 볼거리를 만들어 주기도 해요. 나머지 사람은 상쇠 지휘에 맞추어 악기 연주를 하고 춤을 추고 재주를 부려요. 구경꾼들은 흥이 나서 추임새를 넣거나 춤을 추면서 풍물 패와 하나가 되어 놀지요. 풍물 패는 농사일로 힘든 사람들 옆에서 풍물을 쳐 힘을 북돋우기도 하고, 명절이나 잔치 때 온 마을 사람들을 불러 모아 즐기면서 흥을 더하기도 했어요. 정월에는 초하룻날부터 대보름날까지 집집마다 돌면서 풍물을 쳐요. 한 해 내내 탈 없고 복 많이 받기를 빌어 주는 것이지요.

풍물놀이에서 태어난 사물놀이

사물놀이는 풍물놀이에 쓰는 악기 가운데 꽹과리, 징, 장구, 북을 무대로 가져와 연주하는 음악이에요. 흔히 꽹과리 소리는 천둥, 징 소리는 바람, 장구 소리는 비, 북소리는 구름에 빗대어 말하곤 해요. 사물놀이는 곧 하늘의 조화로움을 악기 소리로 풀어내는 음악인 셈이지요. 본디 네 사람이 타악기를 하나씩 다루면서 연주하지만 가끔씩 태평소 같은 가락 악기를 넣기도 해요. 연주하는 가락도 풍물놀이 가락을 다듬어 쓰는데, 가락 하나를 10~15분 길이로 줄여서 연주하기 때문에 짧은 시간 동안 여러 가지 가락을 맛볼 수 있어요.

하지만 무대에 앉아 연주하기 때문에 풍물놀이처럼 춤을 추거나 진풀이를 하지는 않아요. 게다가 분위기에 따라 빠르기를 얼마든지 바꿀 수 있는 풍물놀이와는 달리 사물놀이는 느리게 시작해서 점점 빨라지지요. 한껏 휘몰아치다가 숨을 고르듯 소리를 가다듬기를 되풀이하는 사물놀이 연주를 두고 사람들은 죄고 푸는 맛이 있다고들 해요.

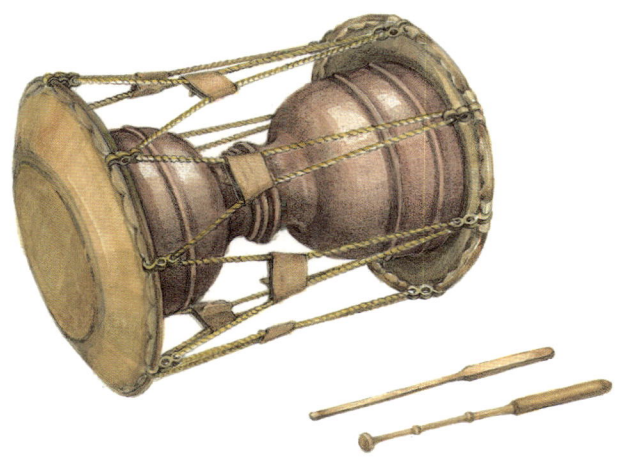

꽹과리

꽹과리는 쇠를 두드려서 소리 내는 악기예요. '쇠', '꽹매기', '꽹치', '광쇠'라고도 하고요. 옛날 책을 보면 꽹과리를 '요', '정', '쟁', '당'이라고도 했대요.

꽹과리는 작지만 두드리면 천둥 번개가 치는 것처럼 쨍쨍하고 큰 소리가 나요. 힘차고 밝은 쇳소리가 나서 옛날부터 우리 조상들이 흥을 낼 때 즐겨 썼어요. 덩실덩실 춤추고 노래할 때, 탈춤을 출 때, 굿을 할 때에도 말이에요. 지금은 쓰지 않지만 조선시대에는 종묘제례악을 연주할 때도 꽹과리를 썼는데, 이때 쓰는 꽹과리는 '소금'이라고 달리 불렀어요. 또 사신들이 다른 나라에 갈 때 연주하는 악기로 뽑혀 여러 악기들과 함께 소리를 뽐내기도 했지요.

꽹과리는 놋쇠로 만들어요. 접시처럼 둥글게 생겼는데 가장자리가 오목하게 안으로 휘어들었지요. 가장자리에 구멍 두 개를 뚫고 손잡이로 삼을 끈을 꿰어요. 채는 대나무를 어른 손으로 한 뼘 반쯤 되는 길이로 잘라 만들어요. 한쪽 끝에 나무를 동그랗게 깎아 끼우는데, 이 부분으로 꽹과리를 치지요. 잡기 좋고 땀이 나도 미끄러지지 말라고 손잡이 쪽에 천으로 만든 끈을 친친 감기도 해요. 궁궐에서 쓰는 소금은 임금을 뜻하는 용 머리를 손잡이에 새기고 칠을 했대요. 채도 망치 꼴로 만들고 붉은 칠을 해 뭇 백성이 쓰는 꽹과리와 구별했다고 하지요.

🌑🌑🌑🌑

조선 시대에는 궁중에서 제례악을 연주할 때 징과 꽹과리를 쓰기도 했는데, 이때 쓰는 징은 '금(金)' 또는 '대금(大金)', 꽹과리는 '소금(小金)'이라고 달리 불렀다.

◎ **연주법**

    꽹과리를 칠 때는 약간 비껴서 친다. 그래야 쇠가 깨지거나 갈라지지 않기 때문이다. 채로 치면서 꽹과리를 쥔 손으로는 안쪽에 손을 대었다 떼었다 하면서 소리를 조절한다. 이것을 두고 소리를 막고 연다고 하는데 치는 것만큼 중요하다. 꽹과리는 두드리는 악기 가운데 치는 법이 가장 다양하다. 세기를 다르게 하거나 울림을 막았다 열었다 하기도 하고, 앞 소리를 막고 치거나 열어 놓고 치기도 하면서 소리를 바꾼다. 어떤 소리를 골라 이어 나가는지에 따라 얼마든지 소리를 바꿔 낼 수 있다.

※ **상쇠 이야기**

  풍물놀이나 사물놀이를 할 때는 여러 악기 가운데서도 꽹과리 치는 사람이 앞장서서 판을 이끈다. 놀이 패 대장인 셈인데, 쇠를 치는 대장이라고 '상쇠'라고 한다. 크고 높은 소리가 나는 '수꽹과리'를 치면서 바로 옆에서 '암꽹과리'를 치는 '부쇠'와 이야기하듯 소리를 주고받는다. 장단과 한배(빠르기)를 바꿔 가면서 흐름을 신나게 이끌면 다른 악기들도 그에 맞추어 함께 어울리는 것이다.

  상쇠는 풍물놀이에서 악기를 다루는 사람인 '치배'를 정한다. 또한 치배 몇 명이 어떤 꼴을 그리며 놀지도 정한다. 굿판을 벌일 때는 목청 좋은 상쇠가 꽹과리를 치면서 복을 비는 소리를 하기도 한다.

  상쇠는 흰색 바지저고리에 붉은색, 노란색, 푸른색 띠를 두르고 머리에는 벙거지를 쓴다. 벙거지에 달린 상모를 휘두르면서 구경꾼들의 눈을 즐겁게 한다. 한쪽으로만 돌리기, 양쪽으로 번갈아 돌리기, 한 장단에 여러 방향으로 네 번씩 돌리기는 물론 상모에 달린 부포를 세워 연꽃처럼 만들기도 하고 세웠다 눕혔다를 번갈아 하면서 갖은 재주를 부린다. 이러한 상쇠의 노력이 보는 사람의 귀와 눈을 한층 더 즐겁게 만든다.

소고

소고는 두드려서 소리 내는 악기예요. 작은북이라는 뜻을 지녔는데 '벅구', '수고'라고도 불러요. 언제부터 썼는지는 정확히 알려지지 않았지만 오랫동안 우리나라 사람들이 즐겨 왔고 요즘도 많이 쓰고 있지요.

흔히 백성들이 일하다가 틈을 내어 풍물놀이와 민속악을 연주하며 놀 때 많이 썼어요. 마을과 마을을 떠돌며 노래하고 음악을 연주하는 놀이 패들도 꼭 지니고 다니는 악기였고요. 고깔이나 상모를 쓰고 머리를 흔들면서 소고 양쪽을 번갈아 두드리며 즐기는 모습은 보고만 있어도 흥겹지요.

소고 북통은 나무로 만드는데 둥글면서 납작하게 생겼어요. 본디 북통 양쪽을 개가죽으로 메우는데 요즘은 소가죽을 더 많이 써요. 가죽을 팽팽하게 잡아당긴 다음, 가장자리에 낸 구멍에 가죽끈이나 노끈을 꿰어 단단히 묶어요. 북면에는 태극무늬를 그려 넣지요. 자루는 나무로 만드는데 어른 손으로 한 뼘쯤 되는 길이예요. 지방에 따라 자루 대신 끈으로 고리를 만들어 손목에 걸고 치기도 하고, 자루에 쇳조각을 달아 절렁절렁하는 소리가 함께 나도록 만들기도 했어요. 두드리면서 춤을 함께 추기 때문에 가벼우면서도 들기 좋게 만들었지요.

소고 가운데 크기가 큰 것을 '소고', 작은 것을 '벅구'라 달리 이르기도 한다. 강원도 영동에서 풍물놀이를 할 때, 소고재비는 종이꽃으로 알록달록하게 꾸민 고깔을 쓰고 버꾸재비는 상모가 달린 벙거지를 쓴 채 신나게 어울려 논다.

◎ **연주법**

　소고는 채로 양쪽 북면이나 북통을 친다. 나무 북채로 얇은 가죽을 가볍게 두드리면 '탁, 탁' 하고 부딪히는 소리가 난다. 일할 때는 일 장단으로, 노래할 때는 노래 장단으로 두드리는데, 상모돌리기 때는 두드리기보다는 이리저리 흔들고 돌리는 때가 많다.

✽ 여러 가지 소고 놀이

　소고는 풍물놀이에 꼭 들어가는 악기이다. 풍물 악기를 처음 다루는 사람이라도 소고는 금세 익혀 같이 놀 수 있다. 북채로 두드리는 연주법이 간단한 데다가 장단이 시작될 때 박자에 맞추어 한 번씩만 치면 되기 때문이다.
　풍물놀이에서는 보통 네다섯 명쯤 되는 소고재비들이 소고를 가지고 논다. 위아래로 흰 바탕에 붉은색, 푸른색, 노란색이 어우러진 옷을 입고 머리에는 상모가 달린 모자를 쓴다. 상모를 돌리면서 소고 북면을 치거나 소고를 빙글빙글 돌리면서 움직인다. 사뿐사뿐 움직일 때는 가볍고 산뜻한 느낌을 주지만 무엇을 여럿이 에워싸거나 거침없이 몰아치는 모습을 보이기도 한다. 풍물놀이에서는 소고를 두드려 소리를 내기보다는 움직임을 꾸미려고 도구처럼 갖고 노는 때가 많다.
　사당패, 선소리패, 두레패들이 판 놀이를 신나게 벌일 때에도 소고는 빠지지 않는 악기였다. 사당패 놀이꾼들은 소고를 든 채 흥겹게 소리를 주고받았고, 선소리패에서는 우두머리가 장구를 치면 다른 소리꾼들은 모두 소고를 들고 치기도 했다. 두레패 사람들은 여럿이 일을 하다 지칠 때면 소고 장단에 맞추어 소리를 하면서 들썩들썩 놀았다고 한다.

장구

장구는 가죽을 두드려서 소리 내는 악기예요. 허리가 잘록해서 '세요고'라 부르기도 하고, 채로 치는 북이라고 '장고'라고도 했어요. 장구는 아주 오래전부터 우리 조상들이 즐겨 왔어요. 고구려 옛 무덤 벽화에 장구를 치고 노는 사람이 나오고, 신라 때 만든 종에도 장구가 새겨져 있지요.

장구통은 나무를 깎아 만드는데, 소리를 잘 내기에는 오동나무가 으뜸이래요. 버드나무나 미루나무로 만들기도 해요. 장구통 속은 비어 있는데, 물동이 두 개를 맞붙여 놓은 것처럼 허리가 잘록하고 양쪽은 물동이처럼 벌어져 있어요. 장구에는 조임줄이 여럿 있는데, 이 조임줄 사이사이에 가죽으로 만든 조이개를 끼워 조임줄을 당겼다 늦추었다 하면서 소리의 높낮이를 고르지요.

장구 북통 왼쪽은 북채로 쳐서 북편이고, 오른쪽은 대나무 채로 쳐서 채편이에요. 두꺼운 소가죽을 메운 북편은 낮고도 무거운 소리가 나고, 얇은 말가죽을 메운 채편은 높고 가벼운 소리가 나지요. 북편과 채편을 동시에 힘 있게 '덩' 치기도 하고, 채로 시원스럽게 '덕' 치기도 하고, 북편만 믿음직스럽게 '쿵' 치기도 해요. 채로 가죽을 치고 굴리면서 '더러러' 꾸미는 소리를 내기도 하지요.

장구는 당악이나 향악을 연주할 때 썼어요. 선비뿐만 아니라 백성들도 방에서나 바깥에서 즐겁게 두드리며 놀던 악기지요. 노래 반주를 하거나 풍물놀이를 할 때는 물론 굿을 할 때도 빠지지 않았어요. 누구나 쉽게 가락을 익히고 다룰 수 있어 지금까지도 우리 곁에 가장 가까이 있는 악기지요.

🌑🌒🌓🌔

당악은 고려 시대에 들어온 중국 당나라와 송나라의 음악을 말한다. 향악은 향토 음악이란 뜻으로 우리 고유의 음악을 중국의 당악과 아악에 견주어 일컫는 말이다. 아악은 고려 시대에 중국 송나라에서 들여온 제례 음악이다.

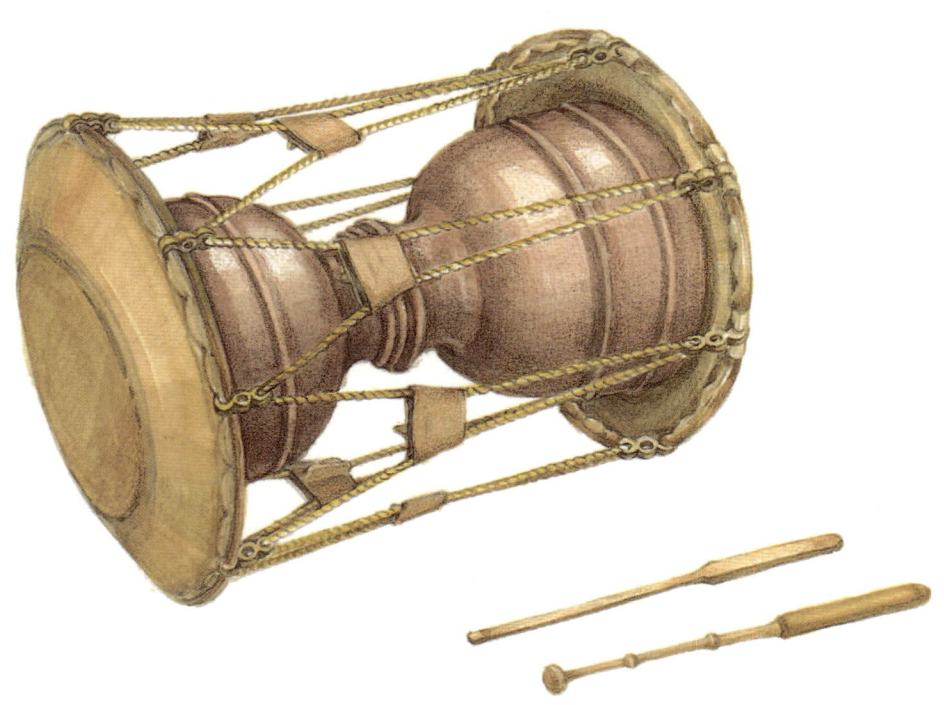

◎ **연주법**

　북편은 흔히 손으로 두드리지만 풍물놀이나 사물놀이를 할 때는 북채로 두드리기도 한다. 채편은 대나무 채를 잡고 치는데, 피리같이 소리가 큰 악기와 어울리는 씩씩한 연주에서는 큰 소리가 나는 가운데를 치고, 소리가 작은 악기나 노래와 함께 할 때는 작은 소리가 나는 가장자리를 친다. 흔히 자리에 앉아서 연주하지만 풍물놀이를 할 때는 끈을 어깨에 걸어 메고 서서 치는데, 이를 두고 설장구를 친다고 한다.

| 닮은 악기 알아보기 |

갈고는 얼핏 보면 장구와 크기도 비슷하고 생김새도 꼭 닮았어요. 하지만 자세히 살펴보면 장구랑 다른 점도 있어요. 장구가 한쪽은 두꺼운 소가죽으로 메우고 다른 한쪽은 얇은 말가죽으로 메우는 것과 달리 갈고는 양쪽 다 얇은 말가죽으로 메워요. 그리고 북채 대신 양손에 대나무 채를 들고 쳐요. 그래서 갈고를 '양장구'라고도 하지요. 조이개도 장구는 한쪽에만 있지만 갈고는 양쪽에 다 있어 이리저리 옮기면서 소리를 맞추어요.

우리나라에서는 조선 시대부터 연례악을 연주할 때 갈고를 쓰기 시작했어요. 이런 모습은 조선 시대에 나온 《진연 의궤》에서 더러 찾아볼 수 있지요. 일본에도 양손에 채를 잡고 두드리는 갈고가 있어요. 우리나라 것보다 크기가 작아서 받침대 위에 올려놓고 친대요.

징

징은 두드려서 소리 내는 악기예요. 옛날에는 '고취징', '대양', '민대야', '옥대야', '광징'이라고도 했대요. 궁중에서는 '금', '대금'이라고 달리 불렀어요. 이름이 많은 만큼 오랜 옛날부터 두루 써 온 악기지요.

고려 시대 중국 명나라에서 들여와 궁중에서 연례악과 제례악을 연주할 때 썼어요. 군대에서는 행진 음악을 연주할 뿐만 아니라 무엇을 알릴 때 신호 삼아 두드리기도 했대요. 굿을 할 때나 절에서 기도를 할 때도, 백성들이 풍물놀이를 하며 즐길 때도 빠짐없이 징을 썼어요. 크고 무거운 만큼 어떤 연주에서든 큰 장단을 제대로 짚어 주기 때문이에요.

징은 놋쇠를 불에 달군 다음 쇠망치로 수없이 두드려 얇게 펴서 만들어요. 이런 방법을 써서 만든 물건을 '방짜'라고 하지요. 제대로 된 소리가 날 때까지 두드려 보면서 꼴을 잡고 나면 둘레 한쪽에 구멍을 뚫어 손잡이로 쓸 끈을 꿰어요. 손이 배기지 않도록 끈에 대나무 조각을 꿰기도 하고요. 채로 치는 부분에는 둥근 꼴로 가늘게 결을 넣는데, 이렇게 하면 소리가 더 좋아진대요. 채 끝은 헝겊을 감아서 써요.

사람들은 흔히 징 소리를 바람에 빗대어 말해요. 살랑바람처럼 부드러운 소리부터 몰아치는 태풍처럼 크고 거친 소리까지 낼 수 있으니까요.

◉◉◉

다른 나라에도 우리나라 징처럼 쇠로 둥글게 만들어 두드리는 악기가 있다. 인도네시아의 '공'이나 중국의 '탐탐', 타이의 '칭' 같은 악기들은 징과 생김새는 비슷하지만 깊고 길게 울리는 징보다 소리가 가벼운 편이다.

◎ **연주법**

　징은 음악 갈래에 따라 서서 들고 치기도 하고 나무틀에 걸거나 아예 바닥에 엎어 놓고 치기도 한다. 서서 들고 칠 때는 한 손으로 징을 들고 다른 손으로는 채를 잡은 채 한가운데를 부드럽게 밀듯이 친다. '우웅-' 하는 울림이 물결처럼 퍼져 나가면서 듣는 사람의 마음을 울린다.

※ 여러 가지 징

　징은 쓰임에 따라 무게나 생김새가 조금씩 다르다. 흔히 우리가 말하는 징은 '원징'이라고 해서 풍물놀이를 할 때 쓰는 것이다. 오랜 옛날부터 우리 조상들은 고된 농사일 틈틈이 풍물놀이를 하면서 힘과 흥을 돋우고 농사가 잘 되기를 빌었다. 풍물놀이에서 징은 은은한 소리로 나머지 악기들이 내는 소리를 한데 감싸 아우르면서 가락에 질서를 세운다. 연주는 박자에 맞추어 두드리는 것이 전부지만 대신에 상모를 돌리거나 몸짓을 섞어 가면서 흥을 마음껏 드러낼 수 있다.

　무당이 굿을 할 때는 징 가운데 가장 작고 가벼우면서도 소리가 큰 '광징'을 썼다. 굿을 시작하기 전에 광징을 울려서 하늘에 굿하는 것을 알린다. 하늘과 인간을 이어 주는 중요한 도구인 셈이다.

　옛날 군대에서는 전쟁을 할 때 앞으로 나아가라는 신호로는 북을 치고, 멈춰 서거나 뒤로 물러나라는 신호로는 징을 쳤다. 군사들을 불러 모을 때도 징을 울렸다. 흔히 넓게 트인 곳에서 치기 때문에 멀리까지 울려 퍼지라고 징 가운데 가장 크고 무거운 '대징'을 썼다고 한다.

태평소

태평소는 불어서 소리 내는 악기예요. 세상이 두루 편안해지기를 바라는 마음이 이름에 담겨 있지요. '날라리', '새납', '호적', '호가'라고도 해요. 날라리는 태평소 소리가 '날라리, 날라리' 하는 것 같다고 붙인 이름이에요.

고려 시대부터 제례악이나 연례악을 연주할 때 썼어요. 소리가 크고 씩씩해서 군대에서 행진 음악을 연주할 때도 많이 불었지요. 지금도 군대 음악인 대취타에서 빠질 수 없는 악기예요. 나중에는 불교음악에까지 쓰게 되었지요.

태평소 몸통은 매실나무, 산유자나무, 대추나무, 뽕나무, 버드나무와 같이 단단한 나무로 만들어요. 몸통은 위가 좁고 아래로 갈수록 굵어져요. 나팔처럼 벌어진 끝 쪽은 따로 만들어 붙이는데, 구리로 만들어서 '동팔랑'이라고 불러요. 몸통에는 구멍이 여덟 개 나 있는데, 이 가운데 일곱 개를 손가락 끝으로 막았다 열었다 하면서 음을 조절해요. 이렇게 손가락으로 여닫는 구멍을 '지공'이라고 해요. 입에 대고 입김을 불어 넣는 구멍인 '취구'에는 구리로 만든 쇠붙이를 끼워요. 갈대로 만든 작은 '서'를 쇠붙이에 꽂은 다음 입에 물고 불어요. 몸통 크기가 작지만 동팔랑이 소리를 키워 주기 때문에 깜짝 놀랄 만큼 크고 높은 소리가 나요. 구수한 태평소 가락은 연주하는 사람의 손놀림에 따라 길게 머무르다가 떨리는 듯하다가 뛰어오르듯 높아지다가 미끄러지듯 내려오다가 하면서 맑고 깨끗하게 울려 퍼지지요.

○○○

그리스 어로 피리를 뜻하는 말은 '소이나'인데 이것을 중국에서는 '쏘나'라고 한다. 태평소를 가리키는 우리 이름 '새납'은 여기서 생겨났다. 지금도 세계 여러 나라에서 불고 있는데, 이란의 '수르나이', 인도의 '쉐나이', 터키의 '소르나'가 우리 태평소와 같은 악기이다.

◎ **연주법**

　피리처럼 세로로 잡고 구멍을 여닫으면서 연주한다. 서를 입에 물고 입김을 불어 넣는데 뺨이 불룩해질 정도로 힘을 주어야 소리를 낼 수 있다. 숨을 세게 불어 넣을수록 소리도 크고 높아진다. 악기가 얼굴과 수평을 이루도록 반듯하게 들지만 입술과 손가락으로 조금씩 흔들거나 움직이면서 떠는 소리를 내기도 한다.

풍물놀이와 태평소

태평소는 음높이가 매우 높고 소리도 큰 악기지만 풍물놀이에서는 꽹과리, 징, 장구, 북 같은 타악기 소리와 자연스럽게 어우러진다. 타악기 연주자들이 악기를 두드리면서 상모돌리기 같은 재주를 함께 보여 주는 것과 달리 태평소는 연주만 해도 힘들기 때문에 한쪽으로 비켜서서 가락을 이끄는 데 힘을 쏟는다.

대취타와 태평소

대취타는 "명금일하대취타!" 하는 소리와 함께 시작된다. 북, 징, 장구, 자바라, 나발, 나각이 다 함께 연주를 하는데, 하나같이 가락이 없는 악기이다 보니 음악이라기보다는 박자에 맞추어 내는 소리에 가깝다. 위엄 있고 하나 된 느낌은 있지만 음악다운 맛은 없는 것이다. 여기에 태평소 가락이 들어가서 대취타는 한결 신나고 풍성한 음악이 된다.

풍물놀이 연주

대취타 연주

풍물북

풍물북은 가죽을 두드려서 소리 내는 악기예요. 우리가 흔히 '북' 이라고 말할 때는 여러 가지 북 가운데서도 풍물북을 가리키는 때가 많지요. 풍물북은 풍물놀이를 하거나 다른 악기와 어울려 합주를 할 때 쓰는 북인데, 판소리 반주를 넣을 때 쓰는 소리북과 구별하려고 풍물북이라고 불러요. 곳에 따라 '농악 북'이라고도 하고요. 우리 조상들은 농사일을 할 때 북을 쳐서 쉬는 시간을 알리기도 하고 신명 나게 북을 치고 놀면서 힘을 북돋우기도 했어요. 북은 풍물 악기 가운데서도 소리가 가장 힘차고 커요. 장구 가락에 맞춰 두드리는 북소리는 단순하면서도 끊임없이 이어지면서 풍물놀이 박자를 잡아 주지요.

북통은 오동나무나 미루나무 속을 파서 만들어요. 양옆은 소가죽이나 말가죽으로 메운 다음, 쇠못으로 붙박아 놓거나 쐐기를 박거나 가죽끈으로 엮어서 조이지요. 그래서 '쐐기 북' 이나 '줄 북' 이라고도 해요. 북통에 둥근 쇠고리를 달아 풍물놀이 할 때 끈을 꿰어 메고 쳐요.

◗◗◗

악기를 써서 추는 춤 가운데 가장 흔한 춤이 북춤이다. 풍물북도 쓰는데 흔히 풍물 패 북재비가 북을 메고 두드리면서 춘다. 북채 하나로 북을 치며 춤을 추는 외북채춤과 양손에 채를 들고 북을 치면서 춤을 추는 쌍북채춤이 있다. 경상도와 전라도 지방에서 많이 발달했으며 진도북춤, 밀양북춤, 날뫼북춤 들이 있다. 경상도 북춤은 큼직한 북으로 박자를 살려 힘차게 치는 데 비해 전라도 북춤은 여러 가지 엇박을 넣어 가며 아기자기한 맛을 낸다.

◎ **연주법**

　풍물북을 서서 연주할 때는 북에 끈을 달아 왼쪽 어깨에 메고 북 위쪽을 약간 왼쪽으로 기울인다. 오른손으로 북채를 쥐고 북면 가운데를 두드리면 '둥, 둥' 하고 낮고도 힘찬 소리가 난다. 여러 장단에 맞추어 빠르고 강하게 또는 느리고 약하게 소리를 낼 수 있다.

| 닮은 악기 알아보기 |

소리북은 여러 가지 북 가운데서도 판소리 반주를 할 때 쓰려고 만든 북이에요. 풍물북과는 달리 북면과 북통을 모두 두드려요. 또한 북채와 손바닥을 다 쓴다고 '고장북'이라고도 해요. 울림통을 채로 직접 치기 때문에 소나무나 참나무처럼 단단한 나무를 골라 통을 만들어요. 통 전체를 소가죽으로 덮어씌운 다음 가장자리에는 쇠 구슬을 둘러 박아요.

 북 치는 사람인 고수는 바닥에 책상다리를 하고 앉은 다음, 북을 왼쪽 다리 앞에 세워요. 왼손 엄지손가락은 북 꼭대기에 얹고 손바닥을 펴서 북면을 쳐요. 오른손으로는 북채를 쥐고 북면이나 북통을 치지요. 북면을 치면 '덩' 하고 낮고도 큰 소리가 나고 가장자리를 치면 쇠 구슬에 부딪히는 소리가 나요. 북통을 두드리면 '탁' 하고 마른 소리가 나지요.

세밀화로 그린 보리 어린이 도감

우리나라에서 최초로 나온 세밀화 도감입니다

아이들이 자연을 익히는 데는 식물의 잎맥이나 동물 발톱 무늬까지
정확히 보여 주는 그림이 가장 좋습니다. 화가들이 직접
식물과 동물을 사계절 관찰하고 취재하여 그렸습니다.

직접 취재해서 그린 세밀화로 생생한 도감을 만들었습니다

세밀화에는 사진이 담을 수 없는, 생명에 대한 감성이 담겨 있습니다.
동물과 식물을 오랫동안 관찰하고 정확한 정보를 담아 그림을 그립니다.
전문가의 감수도 꼼꼼히 받았습니다.

세밀화로 그린 보리 어린이 도감 20년 기념 보급판 출시

보리는 이십 년 동안 우리 땅에서 살아가는 생명들의 아름다움을
아이들에게 오롯이 보여 주기 위해 세밀화 도감을 만들어 왔습니다.
그동안 '세밀화로 그린 보리 어린이 도감'에 보내주신 큰 사랑에 보답하고자
양장본과 내용은 같으면서 값도 무게도 가벼운 보급판을 만들었습니다.

❶ 식물 도감 초등학교 전 학년, 전 과목 교과서에서 뽑은 160가지 식물 이야기

식물의 온 모습뿐 아니라 잎맥이나 꽃잎 생김새같이 섬세한 정
보까지 꼼꼼히 보여 줍니다. 전문 학자가 쓰고 감수한 설명글을
쉽고 재미있게 풀이했습니다. 어린이도 쉽게 찾을 수 있게 가나
다순으로 엮었습니다.

글 전의식 외 | 그림 이태수 외 | 368쪽 | 20,000원
제19회 한국어린이도서상(대한출판문화협회제정)

❷ 동물 도감 초등학교 전 학년, 전 과목 교과서에서 뽑은 160가지 동물 이야기

동물의 온 모습을 보여 주면서도 털이나 발톱 무늬까지 드러내
고, 생명체만이 지닌 따뜻한 느낌을 담았습니다. 우리 겨레가
생명체를 어떻게 받아들이고 함께 살아왔는지 또렷이 보이도록
했습니다.

글 남상호 외 | 그림 권혁도 외 | 368쪽 | 20,000원
제31회 문화관광부 추천도서 | 제5회 한국과학문화재단 선정 우수과학도서

❸ 곤충 도감 우리 둘레에서 흔하게 볼 수 있는 토박이 곤충

토박이 곤충 96종. 꿀벌이나 누에처럼 우리 삶과 함께해 온 곤
충들과, 배추벌레나 벼멸구 같은 해충들을 두루 담았습니다. 곤
충이 어떤 먹이를 먹고, 어떻게 짝짓기를 하고, 어디에서 사는
지, 한살이는 어떤지 자세히 살펴볼 수 있습니다.

그림 권혁도 | 감수 김진일 외 | 240쪽 | 20,000원
한국간행물윤리위원회 선정 '청소년 권장도서' | 어린이도서연구회 권장도서

세밀화로 그린
보리 어린이 도감

온 식구가 함께 보는 책
어린이가 어른이 되어서도 보는 책

❹ 나무 도감 우리 땅에 뿌리 박고 사는 나무 이야기

토박이 나무 98종. 줄기와 나무, 잎, 꽃, 열매의 생김새를 두루 살필 수 있습니다. 기름을 짜는 나무 열매, 약재를 얻는 나무, 집 짓는 데 쓰는 나무 등, 나무 한 그루를 통해 우리나라 숲 생태뿐 아니라 우리 겨레 살림에 어떻게 쓰였는지 상세하게 알 수 있게 하였습니다.

그림 이제호 외 | 감수 임경빈 | 256쪽 | 20,000원

❺ 바닷물고기 도감 우리 바다에 사는 바닷물고기 125종

취재하기 까다롭고 어려운 바닷물고기의 생태를 화가가 직접 바닷속에 들어가 꼼꼼히 관찰하여 생생하게 그려 내었습니다. 물고기의 생김새, 사는 모습과 먹이, 짝짓기에 대한 전문적인 내용뿐 아니라 바닷물고기를 어떻게 잡아서 살림을 꾸려 왔는지도 알 수 있습니다.

그림 조광현 | 글 명정구 | 264쪽 | 20,000원

❻ 동물 흔적 도감 야생 동물을 찾아가는 어린이 현장학습 길잡이

우리나라 뭍에서 사는 젖먹이동물 34종. 발자국과 똥, 새가 토해 낸 펠릿, 먹이 흔적, 보금자리와 쉼터, 짐승이 다니는 오솔길, 털갈이한 흔적, 동물 시체에 이르기까지 야생 동물의 생생한 흔적을 만날 수 있습니다.

그림 문병두, 강성주 | 감수 박인주 | 240쪽 | 20,000원

환경책 큰잔치 선정 2006년 올해의 어린이 환경책 | 환경부 선정 우수환경도서

❼ 양서 파충류 도감 우리 겨레와 함께 살아온 개구리와 뱀

우리나라에 사는 양서류 16종과 파충류 20종. 두꺼비, 참개구리, 뱀, 남생이 들까지 모두 발로 뛰어다니며 취재했습니다. 한살이 과정, 짝짓기 하는 모습, 꼬리를 자르고 달아난 도마뱀, 뱀이 벗어 놓은 허물 따위의 생태 그림도 볼 수 있습니다.

그림 이주용 | 감수 심재한 외 | 256쪽 | 20,000원

환경책 큰잔치 선정 2006년 올해의 어린이 환경책 | 환경부 선정 우수환경도서

❽ **갯벌 도감** 동해 서해 남해 바닷가 동식물 179종

갯벌하면 떠오르는 조개, 게, 낙지, 갯지렁이, 바닷가에서 흔히 볼 수 있는 괭이갈매기, 해당화 같은 바닷가 식물, 파래나 미역 같은 바닷말도 고루 넣었습니다. 갯벌을 터전으로 살아가는 사람들이 들려준 이야기도 담았습니다.

글 보리 | 그림 이원우 외 | 감수 고철환 외 | 240쪽 | 20,000원
한국간행물윤리위원회 선정 '청소년 권장도서' | 어린이도서연구회 권장도서

❾ **민물고기 도감** 우리 강에서 사는 민물고기 90종

우리나라 고유종 36종을 포함한 민물고기 90종 수록. 물고기가 숨어 있는 모습, 짝짓기 하는 모습, 알 낳는 모습, 알에서 새끼가 깨어나는 모습들을 그려 물고기에 대해 더욱 자세히 알도록 만들었습니다. 북녘에서 부르는 이름과 보호해야 할 물고기에는 어떤 것들이 있는지 꼼꼼히 적었습니다.

그림 박소정 | 감수 김익수 | 232쪽 | 20,000원

❿ **풀 도감** 우리 땅에 사는 흔한 풀 100종

식물을 이루는 뿌리, 줄기, 잎, 꽃, 열매의 생김새와 하는 일들을 자세히 풀어 놓았습니다. 외떡잎식물과 쌍떡잎식물, 광합성, 꽃가루받이 같이 아이들이 꼭 알아 두어야 할 내용들도 함께 갈무리했습니다. 고양이가 잘 뜯어 먹는 괭이밥, 논밭을 기름지게 하는 자운영, 저마다 재미있는 풀 이야기가 펼쳐집니다.

글 김창석 외 | 그림 안경자 외 | 감수 박수현 외 | 264쪽 | 20,000원

⓫ **새 도감** 산과 물에 사는 우리 새 120종

흔히 볼 수 있는 새들에, 천연기념물 또는 멸종위기종으로 지정된 새들을 곁들여 120종을 담았습니다. 날개깃부터 꽁지까지 깃털 생김새와 흐름을 정성껏 그려 내었습니다. 그동안 생태계에 일어난 변화를 반영하여 새로운 정보를 보태고 새와 관련된 재미있는 이야깃거리들을 찾아 덧붙였습니다.

기획 토박이 | 글 김현태 | 그림 천지현 | 296쪽 | 20,000원

우리 역사 문화의 길잡이 〈겨레 전통 도감〉
이제 가벼운 보급판으로 만나 보세요

가족, 이웃, 동무와 어울려 즐겁게 일하고 신명나게 놀았던 겨레의 삶에서
우리 아이들이 일과 놀이를 통해 이웃들과 나누며 사는 삶을 배울 수 있습니다.

토박이 기획 | 권마다 240쪽 안팎 | 18.8×22.5cm | 권마다 20,000원 (모두 5권)
제 51회 한국출판문화상 | 국립어린이청소년도서관 선정도서 | 행복한 아침독서 추천도서
대한출판문화협회 선정도서 | 한국간행물윤리위원회 청소년 권장도서
*〈겨레 전통 도감〉 양장본은 보급판과 내용이 같으며, 권마다 35,000 원입니다.

살림살이 손때 묻은 우리 살림살이 이야기
전래 놀이 해 지는 줄 모르고 놀던 우리 놀이 이야기
국악기 가슴을 울리는 우리 악기 이야기
농기구 하나로 열 가지 일을 하는 우리 농기구 이야기
탈춤 흥겹게 어울리는 우리 탈춤 이야기

"오늘을 사는 부모와 아이의 고민을 덜어 줄 수 있는 책, 곁에 있는 작은 것들에 대한
소중함을 느끼게 하는 책이다." – 인문사회과학출판인협의회 추천글

보리 전화 031-955-3535 | 누리집 www.boribook.com

⑫ **약초 도감** 우리 땅에서 나는 약초 107종

길가에 수북이 자란 풀, 마당가에 자라는 풀, 산기슭에 덤부렁 듬쑥하게 자란 풀들 가운데 잡초는 없습니다. 우리나라 풀 삼분의 일은 약초입니다. 조금만 관심을 갖고 본다면 흔하게 자라는 풀들로 우리 몸을 튼튼하게 돌보고, 병을 고치는 데 알차게 쓸 수 있습니다.

그림 이원우 | 감수 이영종, 박석준 | 300쪽 | 20,000원

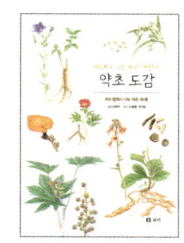

⑬ **버섯 도감** 새로운 분류에 따라 정리한 우리 버섯 120종

최근 국제농업생명과학센터(CBAI)에서 발표한 새 분류 체계에 따라 정리하였습니다. 자라는 환경을 알 수 있게 배경도 꼼꼼히 그리고, 닮은 버섯 정보도 곁들였습니다. 신기한 버섯 이야기와 꼭 알아야 할 독버섯, 약으로 쓰는 버섯 같은 쓰임새 있는 정보가 가득합니다.

기획 토박이 | 글 석순자 | 그림 이주용, 김찬우 | 296쪽 | 20,000원 (근간)

두고두고 간직하고픈 세밀화로 그린 보리 어린이 도감 양장본 (13권)

권마다 35,000원

자연에 대한 이해력을 높이고 따뜻한 감성을 길러 줍니다

자연과 어울려 사는 동식물을 보면서 아이들이 생명에 대한 관심과
애정을 갖게 됩니다. 또 자연에 대한 이해력과 학습력을 기르고
건강한 정서를 갖고 자랄 수 있도록 도와줍니다.

쉬운 우리말로 풀어 썼습니다

우리 말법에 맞게 쉽게 풀어 써서, 어른 도움 없이 아이들 혼자서도
볼 수 있습니다. 여러 동식물들이 어떤 곳에서 사는지
생김새는 어떻고 맛과 향은 어떤지, 우리 생활에 어떤 보탬을 주는지
어떻게 기르게 되었는지 술술 읽을 수 있습니다.

산조

가야금
거문고
대금
아쟁
퉁소
해금

산조

산조는 장구 반주에 맞추어 악기 하나로 연주하는 독주곡이에요. 정악에 비해 가락을 흩어 놓은 것 같다고 '허튼가락' 이라고도 해요. 정해진 악보 없이 여러 가지 가락과 장단을 써서 연주자 마음 가는 대로 자유롭게 연주하지요. 처음에는 느리고 편안하게 시작하지만 여러 가지 연주 기술과 솜씨를 선보이면서 점점 빨라져요. 듣는 사람으로 하여금 곡이 끝날 때까지 마음을 놓지 않고 연주에 집중하게 만드는 힘이 있어요. 끝내는 어지러울 정도로 화려한 솜씨를 뽐내고 나서야 연주가 마무리돼요. 악기가 하나라서 보기에는 소박하지만 그만큼 악기가 가진 특성을 마음껏 살릴 수 있는 음악 갈래지요.

피리, 단소, 퉁소, 태평소 같은 전통 악기로도 산조를 연주했지만, 흔히 가야금이나 거문고, 대금, 해금, 아쟁 들을 써서 산조를 연주해요. 그 가운데 가장 먼저 생긴 것이 가야금산조예요. 거문고와 생김새가 비슷한 산조가야금으로 연주하는데, 여러 산조 가운데 가장 종류도 많고 연주도 많이 하지요.

거문고는 본디 선비들이 조용하고 품위 있는 음악을 연주할 때 쓰던 풍류 악기라 처음 산조를 연주할 때는 많은 사람들의 눈총을 사야 했어요. 하지만 여러 거문고 명인들이 꿋꿋이

거문고산조를 퍼뜨리고 발전시켜 나가면서 거문고만의 묵직하고 깊은 가락이 많은 사람들한테 알려졌지요.

대금산조는 1900년대 초에 생겨났어요. 정악대금보다 길이가 짧고 구멍이 큰 산조대금을 쓰는데, 손가락을 움직이기 쉬워 여러 가지 소리를 낼 수 있어요. 갉고 부드러운 소리로 힘차게 끌어올리거나 음을 흘리는 연주법을 써요.

해금산조는 가늘면서도 은은한 가락이 마치 옛날이야기를 술술 풀어내는 것처럼 친근하고 편안한 느낌을 주어요.

아쟁산조는 1960년대에 이르러 처음 연주되었어요. 정악아쟁보다 길이가 짧고 울림이 큰 산조아쟁을 써서 낮고도 울림이 깊은 소리를 내요.

이처럼 산조의 역사는 백년 안팎밖에 안되었지만 가야금산조를 비롯한 거문고산조, 대금산조, 해금산조, 아쟁산조 들은 나날이 풍성해지고 사랑받고 있어요. 하지만 안타깝게도 단소산조, 퉁소산조는 연주하는 일이 매우 드물어서 만나기가 어려워요.

가야금

가야금은 줄을 퉁겨서 소리 내는 악기예요. 옛 이름은 '가얏고'인데, '가야국에서 쓰는 현악기'라는 뜻이지요. 아주 오래전부터 써 온 우리 토박이 악기예요.

가야금에는 정악가야금과 산조가야금이 있어요. 정악가야금은 '법금'이나 '풍류가야금'이라고도 해요. 오동나무를 반으로 갈라 속을 파내어 만드는데, 소리가 무겁고 느린 곡을 연주하기 좋아요. 그래서 풍류음악을 연주하는 데 많이 쓰지요. 산조가야금은 앞쪽은 오동나무, 뒤쪽은 밤나무로 만들어요. 정악가야금보다 줄이 가늘고 줄 사이도 좁아서 빠른 곡을 연주하기 좋아요. 밝고 가벼운 소리로 산조 연주를 하거나 민요 반주를 넣을 때에 많이 써요. 정악가야금이 선비가 즐기던 것이라고 한다면, 산조가야금은 백성이 두루 즐겼던 것이라고 할 수 있지요.

가야금은 길쭉한 나무통 위에 명주실을 꼬아 만든 줄 열두 개를 팽팽하게 걸어서 만들어요. 줄마다 밑에 작은 나무 기둥을 받쳐 놓는데, 이것을 '안족'이라고 해요. 기러기 발처럼 생겨서 그렇게 부르는데, 이것을 움직여 소리의 높낮이를 맞출 수 있지요. 요즘에는 더 폭넓은 소리를 내려고 줄 수를 늘려 만들기도 해요.

가야금은 거문고보다 줄이 가늘지만 개수는 많아요. 소리가 더 높고 맑으면서 울림은 짧지요. 그래서 예로부터 가야금 소리는 여자 목소리와 닮았고 거문고 소리는 남자 목소리와 닮았다고들 했어요.

◐◐◐

가야금은 1,200년 전쯤인 통일 신라 시대에 신라의 악사들이 일본으로 전했다. 신라에서 전해졌다고 일본에서 '신라금(시라기고토)'이라고 불리는 이 악기는 오늘날까지 석 대가 남아 보물로 전해 내려오고 있다. 천 년도 더 전에 만들어진 신라금은 오늘날 쓰고 있는 정악가야금의 본디 모습을 잘 보여 준다. 일본 사람들은 신라금을 본떠서 '고토'라는 악기를 새로 만들어 쓰기도 했다.

정악가야금

산조가야금

◎ **연주법**

　가야금은 바닥이나 의자에 앉아서 연주한다. 바닥에 앉을 때는 머리 쪽을 한쪽 무릎 위에 올려 비스듬히 두고, 의자에 앉을 때는 받침대 위에 올려놓는다. 오른손으로는 줄을 퉁겨 소리를 내고, 왼손으로는 줄을 누르거나 손가락을 굴리고 떨면서 소리를 바꾼다. 이렇게 줄을 짚고 위아래로 흔드는 연주법을 '농현'이라고 한다. 줄을 갖고 논다는 뜻인데, 악기 소리를 더 넉넉하게 만들어 준다.

✻ 가실왕과 우륵

　《삼국사기》에 따르면 1,500년 전쯤에 가야국의 가실왕이 가야금을 만들었다고 한다. 중국에서 들여온 악기인 '고'를 타던 가실왕은 문득 가야국만의 악기를 만들어야겠다고 결심했다. 고를 보면서 애쓴 끝에 가야금을 만든 가실왕은 악사 우륵을 불러 가야국 사람 모두가 즐길 만한 가야금 음악을 만들어 보라고 했다. 우륵은 임금의 명을 받들어 열두 가지 곡을 지었고 그 덕분에 가야국의 많은 사람들이 가야금을 즐기게 되었다. 우륵은 이웃 나라 신라에 가서도 가야금과 가야금 음악을 전했다. 신라 진흥왕은 우륵을 신라에 살게 하고 제자들을 우륵한테 보내 가야금을 배우도록 했다. 가야금과 가야금 음악은 신라 음악을 더욱 풍성하게 해 주었다.

　《삼국유사》에서는 위 이야기와 같이 가실왕이 중국 악기를 본떠 가야금을 만들었다고 말하고 있다. 하지만 기원전 1~2세기 무렵 유적지에서 현악기로 보이는 유물이 나오고, 4~6세기에 만든 토우(土偶) 장식 항아리에 가야금과 비슷한 악기 모습이 보이는 것으로 보아 우리나라에서는 중국 현악기인 '고'가 들어오기 전부터 고유 현악기를 만들어 썼던 것으로 짐작하기도 한다. 오래전부터 만들어 쓰던 현악기가 가실왕에 이르러 더 좋게 고쳐지면서 오늘날 우리가 쓰는 가야금으로 자리 잡았다고 보는 것이다.

거문고

거문고는 줄을 퉁겨서 소리 내는 악기예요. '가뭇고' 또는 '거뭇고'라고도 했는데, 고구려에서 만든 현악기라는 뜻이 담겨 있어요. 왕산악이 1,500년 전쯤에 만들었다고 하니 아주 오랫동안 타 온 우리 악기인 셈이지요. 고구려 옛 무덤인 무용총 벽화에서도 오늘날의 거문고와 닮은 악기 모습을 볼 수 있어요.

신라에 처음 전해졌을 때에는 신성한 물건으로 여겨 나라의 귀한 물건을 모아 두는 창고인 천존고에 고이 모셔 두기만 했대요. 한 세기가 지난 다음에야 비로소 많은 사람들이 연주하기 시작했지요.

거문고는 소리가 힘차면서도 그윽하여 모든 악기 가운데 으뜸으로 쳤어요. 남자들이 즐겨 탔는데, 학문과 덕을 쌓으려는 선비들이 마음을 다스리면서 많이 탔지요. 소리도 좋고 우리 악기 가운데 음넓이가 가장 넓어서 여러 가지 소리를 낼 수 있어요.

거문고 몸통을 만들 때는 앞쪽은 오동나무, 뒤쪽은 밤나무를 써요. 오래되고 단단한 나무 가운데서도 옹이 없이 곧고 긴 가지를 으뜸으로 치지요. 몸통 위에는 가느다란 명주실을 꼬아 만든 줄 여섯 개를 얹어요. 가야금에 있는 것과 같은 안족과 긴 네모꼴 나뭇조각인 '괘'가 줄을 받치고 있어요. 괘는 모두 열여섯 개인데, 첫 번째 괘에서 마지막 괘로 갈수록 크기가 작고 두께도 얇아요. 줄을 타는 데 쓰는 채는 '술대'라고 해요. 흔히 대나무로 어른 손 한 뼘만 하게 만들지요.

중국 춘추 시대의 백아와 종자기는 서로 거문고 타는 소리만 듣고도 기분을 알아차릴 정도로 가까운 친구였다. 그러다 종자기가 먼저 세상을 떠나자, 백아는 자기 거문고 소리를 알아줄 이가 없다며 거문고 줄을 끊고 다시는 거문고를 타지 않았다고 한다. 여기서 나온 말 '지음(知音)'은 마음이 통하는 벗을 이르는 말로 쓰이고 있다.

◎ **연주법**

거문고는 한쪽을 무릎 위에 얹어 놓고 연주한다. 오른손에 술대를 잡고 줄을 내려치거나 뜯어서 소리를 낸다. 왼쪽 손가락으로는 줄을 힘주어 밀거나 짚어 가며 음을 바꾼다. 소리는 꾸밈없이 산뜻하고 깊다. 거문고는 마음을 다스리는 악기라 연주할 때도 마음가짐을 첫째로 여겼다. 그 마음가짐을 '금사심' 이라고 했는데, 다른 생각을 버려 마음을 깨끗이 비우지 않으면 깊은 소리를 얻지 못한다는 뜻이다.

✱ 왕산악과 거문고

거문고는 고구려의 음악가 왕산악이 만들었다고 전한다. 왕산악은 박연, 우륵과 함께 우리나라의 뛰어난 음악가로 손꼽히는 사람이다. 하지만 안타깝게도 왕산악에 대한 기록은 《삼국사기》에 나온 짧은 이야기가 전부이다. 《삼국사기》에 따르면 고구려 때 중국 진나라 사람이 줄이 일곱 개인 칠현금을 보내왔다고 한다. 왕산악은 칠현금을 본떠 오늘날의 거문고를 만들고, 백 가지가 넘는 곡을 지었다. 왕산악이 거문고로 곡을 연주하니 검은 학이 날아와 너울너울 춤을 추었다고 해서 '현학금'이라고 불렀다. 뒤에는 '현금'이라고도 했다. '현'은 '검다'는 뜻인데, 여기에 현악기를 뜻하는 '고'를 붙여 '거문고'가 되었다고 한다.

《삼국사기》에 나온 검은 학 이야기는 거문고와 왕산악이 지은 음악을 신비롭게 그리려고 지어낸 것으로 보기도 한다. 예로부터 음악으로 자연, 인간, 우주가 서로 조화를 이루면 짐승들이 음악에 맞춰 춤을 춘다고 여겨 왔던 우리 조상들의 생각이 담겨 있다는 것이다. 또한 거문고라는 이름을 고구려를 뜻하는 '검'과 현악기를 뜻하는 '고'가 만나 이룬 이름으로도 본다. 실제로 고구려 무용총 벽화에는 네 줄짜리 악기를 타는 여인이 나온다. 줄이 네 개이기는 하지만 왼손으로 줄을 누르고 오른손으로는 술대를 잡은 모습으로 보아 지금 쓰는 거문고의 본디 모습으로 짐작된다.

대금

대금은 불어서 소리 내는 악기예요. '저', '젓대', '저대'라고도 하지요. 고구려 사람들이 처음 만들어 불다가 백제와 신라로 전했다고 해요. 신라에서는 대금을 중금, 소금과 함께 '삼죽' 또는 '삼금'이라고 했어요. 통일 신라의 대표 관악기 세 가지를 말하지요.

대금은 소리가 풍부하고 음높이를 조절하기 쉬워서 혼자 연주하는 곡이 많아요. 또한 다른 악기 소리와도 잘 어울려서 여러 악기가 함께 연주할 때도 빠지지 않지요. 예로부터 '대금 소리는 봄이 오는 소리'라고 했어요. 잔잔하고 부드럽게 마음을 파고드는 대금 소리는 예나 지금이나 많은 사랑을 받고 있지요.

대금에는 정악대금과 산조대금이 있어요. 정악대금이 산조대금보다 조금 더 길지만 연주법은 같아요. 정악대금은 점잖은 양반들이 즐겼고 산조대금은 백성들이 자유롭게 흥을 담아 즐겼지요.

대금은 대나무 가운데 가장 굵고 곧은 황죽이나 골이 깊게 파인 쌍골죽으로 만들어요. 쌍골죽은 살이 두껍고 단단해서 맑고 여문 소리가 나지요. 지공은 여섯 개이고, 아래쪽 끝에는 '칠성공'이 있어요. 취구와 지공 사이에 떨림 소리를 내는 구멍이 하나 더 있는데, 이 구멍을 '청공'이라고 해요. 청공에는 갈대 속의 얇은 막으로 만든 '청'을 붙이는데, 찢어지기 쉬워서 덮개인 '청가리개'를 씌워요. 취구에 입김을 불어 넣으면 청이 울리면서 여러 가지 떨림 소리가 나지요.

●●●

칠성공은 대금, 중금, 소금, 퉁소 같은 관악기에 있는 구멍이다. 지공 밑에 한 개 또는 여러 개 뚫는데, 악기 소리를 더 좋게 만들어 준다. 《악학궤범》에서는 소리의 높낮이에 영향을 주지 않는다고 해서 '허공'이라고도 했다.

정악대금

산조대금

◎ **연주법**

　대금은 앉거나 서서 연주한다. 취구가 위를 보도록 옆으로 들고 부는데, 바닥과 나란하게 들어야 좋은 소리가 나온다.

| 닮은 악기 알아보기 |

중금은 지공 여섯 개 밑에 칠성공을 뚫은 모습이 마치 작은 대금같이 생겼지만 중금에는 청공이 없어요. 그 때문에 대금보다 떨림이 적고 고운 소리가 나지요.

고려 시대에는 노래나 춤에 반주를 넣는 악기로 썼어요. 조선 시대까지만 해도 연례악과 풍류음악 연주에 두루 썼지만 차츰 연주법과 악보가 사라져 지금은 거의 쓰지 않아요.

중금은 여러 해 묵은 황죽으로 만들어요. 《악학궤범》에는 중금 생김새와 연주법이 대금과 같다고 되어 있지만, 중금이 조금 더 작고 지공 사이도 가까운 편이에요. 그래서 한때는 대금을 배우려는 사람이 중금을 먼저 익히기도 했대요.

| 닮은 악기 알아보기 |

소금은 관악기 가운데 가장 높고 맑은 소리가 나지요. 연주법은 대금과 같지만 대금보다 일곱 음이나 높은 음으로 연주할 수 있어요. 구슬이 구르는 것처럼 소리가 맑고 고운 데다가 꾸밈음도 풍부하고 화려하게 낼 수 있지요. 이처럼 소리가 두드러지다 보니 다른 악기들과 함께 연주할 때는 하나만 두었어요. 대금, 중금과 함께 '신라 삼죽' 이라 불리었지요.

  소금은 대금처럼 황죽이나 쌍골죽으로 만들어요. 부는 쪽으로 갈수록 조금씩 굵기가 가늘어지지요. 중국에서 들여온 당적과 생김새, 연주법, 쓰임새가 같아서 당적과 구별하지 않고 불러 왔지만 요즘에는 지공을 일곱 개로 고쳐 만들어 대금, 중금과 짝을 이루는 소금으로 불러요.

아쟁

아쟁은 줄을 문질러서 소리 내는 악기예요. '알쟁'이라고도 해요. 우리나라 악기 가운데 활로 줄을 문질러서 소리 내는 악기는 해금과 아쟁 둘뿐이에요. 생김새는 거문고나 가야금과 비슷하지만 몸통이 크고 두꺼워요.

연주할 때는 가야금처럼 옆으로 누인 채 머리를 받침대로 받쳐요. 해금처럼 활대로 줄을 문질러서 소리를 내지요. 고려 시대부터 썼는데 처음에는 당악만 연주했지만 조선 시대부터는 당악과 향악을 모두 연주했다고 해요.

아쟁에는 정악아쟁과 산조아쟁이 있어요. 정악아쟁은 고려 시대에 중국에서 들여온 것이고, 산조아쟁은 정악아쟁을 우리 음악을 연주하기에 알맞도록 자그마하게 고쳐 만든 것이지요.

정악아쟁과 산조아쟁 모두 몸통 앞쪽은 오동나무, 뒤쪽은 밤나무로 만들어요. 줄은 명주실을 꼬아서 만들어 매는데, 크고 묵직한 생김새와 어울리게 줄도 다른 현악기보다 굵은 편이에요. 줄 아래는 안족이 나란히 서서 받치고 있어요. 위쪽과 아래쪽 끝에는 줄을 괴는 받침인 '담괘'가 있어요. 위로 솟아 있어서 줄이 바닥에서 떠 있게 하고 줄 길이를 고르게 하지요. 줄 끝에는 고치처럼 묶어 놓은 줄 뭉치인 '부들'이 있어요. 본디 없는 것을 우리 음악에 맞게 악기를 고쳐 만들면서 더한 것인데 줄을 죄고 풀기 좋게 해요.

◉◉◉

아쟁은 음넓이가 좁고 손이 아닌 활대로 문질러 연주하기 때문에 아주 빠르거나 음높이를 급하게 넘나드는 연주에 쓰기는 어렵다. 하지만 그 소리가 독특하고 우리나라 현악기 가운데 유일하게 낮은 음을 내기 때문에 요즘도 관악 합주에서는 해금과 더불어 꼭 쓰고 있다.

정악아쟁

산조아쟁

정악아쟁은 풍류아쟁이라고도 해요. 예로부터 궁중 안에서 다른 여러 가지 악기와 함께 풍류음악을 연주할 때 많이 썼기 때문이에요. 꼬리가 아래쪽으로 구부러져 있어 눈에 띄지요. 안족 위에 가야금보다 굵은 줄이 일곱 개 얹혀 있어요. 요즘에는 낮은 음을 더하려고 두 줄을 덧붙여 아홉 줄짜리 아쟁을 만들기도 해요. 바깥쪽 줄이 가장 굵고 소리가 낮으며 안쪽으로 갈수록 줄 굵기가 가늘어지면서 높은 소리를 내요. 활대는 개나리 나뭇가지로 만들어요. 나무껍질을 벗기고 매끄럽게 다듬은 다음, 줄 위에서 부드럽게 미끄러지도록 송진을 칠한 것을 쓰지요.

◎ **연주법**
아래로 구부러진 꼬리 쪽을 왼쪽 바닥에 놓고 머리 쪽은 받침대 위에 올려놓는다. 오른손에는 개나리 나뭇가지로 만든 긴 활대를 들고 줄을 문지른다. 약간 거칠면서도 낮고 진득한 소리가 난다.

산조아쟁은 조선 시대에 정악아쟁을 고쳐 새롭게 만든 악기예요. 산조를 타거나 노래를 하고 춤을 출 때 반주를 넣는 데 써 왔어요. 줄 굵기가 정악아쟁보다 가늘기 때문에 음높이도 높아요. 줄과 줄 사이가 좁고 몸통 길이도 짧아서 여러 가지 가락을 빠르게 연주하기에 좋아요. 줄은 여덟 개인데 말총으로 만든 활대로 문질러 연주해요. 활대도 몸통 길이에 맞추어 정악아쟁보다는 짧고 가는 편이지요. 하지만 개나리 나뭇가지보다 부드럽게 미끄러지기 때문에 소리가 다양하고 떨리는 소리도 자유롭게 낼 수 있어요.

◎ **연주법**
책상다리를 하고 앉은 다음 머리 쪽을 낮은 받침대 위에 올려놓는다. 오른손으로는 말총 활대로 줄을 문지르고 왼손으로는 줄을 지그시 누르거나 흔들면서 꾸밈음을 낸다. 정악아쟁보다 높으면서 애절한 소리가 난다.

퉁소

퉁소는 불어서 소리 내는 악기예요. 몸통이 위아래로 뻥 뚫려 있다고 퉁소라고 하지요. 고려 시대에 중국에서 들여와 당악 연주에 많이 썼어요. 조선 시대에도 방향, 적, 비파, 대쟁, 아쟁, 피리, 교방고, 장구 같은 악기들과 어울려 당악을 연주했지요. 처음에는 궁중에서만 썼는데 백성들도 차츰 퉁소를 불게 되면서 널리 사랑받게 되었어요. 그래서 거리에 사람들이 모였다 하면 퉁소와 피리, 장구, 북, 해금 같은 악기를 함께 연주하며 즐겼대요. 함경도에서는 퉁소와 피리가 어우러져 칼춤 음악을 멋들어지게 연주하고, 북청 사자놀이를 할 때 신나게 반주를 넣기도 했대요. 지금도 북청 사자놀이에서는 퉁소를 연주하고 있어요.

퉁소는 황죽을 써서 굵고 크게 만들어요. 지공은 모두 다섯 개인데, 첫 번째 지공은 뒤에 있고 나머지 네 개는 앞에 있지요. 아래쪽 끝에는 칠성공이 있어요. 대금과 같이 취구와 지공 사이에 떨림 소리를 내는 청공도 있지요.

퉁소는 우리 음악을 연주하기 좋도록 소리를 고르기도 하고 쓰임새에 따라 여러 모습으로 바뀌어 왔어요. 고려 시대에 쓰던 퉁소는 연례악을 연주했는데, 지공이 뒤에 한 개, 앞에 다섯 개이고 청공은 없었어요. 그래서 떨림 없이 맑고 깨끗한 소리가 났지요. 조선 시대에 와서 청공을 만들고 지공을 뒤에 한 개, 앞에 네 개씩 뚫어 새로운 퉁소를 만들었어요. 지공이 다섯 개인 이 퉁소를 따로 '퉁애'라고도 하는데 백성들이 민요나 시나위에 반주를 넣을 때 흔히 썼지요. 19세기 말 무렵에는 홀로 산조를 연주하기도 했대요. 하지만 지금은 퉁소산조를 듣기 어려워요.

◉ 연주법

　퉁소는 단소처럼 왼손으로 위쪽 구멍을 막고 오른손으로 아래쪽 구멍을 막는다. 손가락 둘째 마디로 구멍을 막아 음을 바꾸기도 한다. 연주하면서 고개를 돌려 동그라미를 그리거나 왼쪽, 오른쪽으로 흔들어 소리를 꾸민다.

해금

해금은 활대로 줄을 문질러서 소리 내는 악기예요. 줄로 소리 내는 우리 악기 가운데 줄 수가 가장 적어요. 단 두 개뿐이지요. 옛날에는 해금 소리가 코맹맹이처럼 깽깽거리는 것 같다고 '깡깡이', '깽깽이'라고도 했어요.

우리나라에는 고려 시대에 들어와서 당악을 연주하는 악기로 쓰였어요. 하지만 음악 갈래를 가리지 않고 전통 음악 연주 가운데 해금이 들어가지 않는 것이 거의 없을 만큼 두루 쓰였지요. 해금은 기쁨, 노여움, 슬픔, 즐거움을 모두 소리로 나타낼 수 있어요. 날짐승, 들짐승이 내는 울음소리와 자연에서 나는 소리도 흉내 낼 수 있고요. 궁중 음악 연주부터 백성들이 즐기는 흥겨운 마당놀이에까지 쓰이면서 해금은 많은 사랑을 받아 우리 악기로 인정받게 되었지요.

해금 울림통은 굵은 대나무 뿌리 속을 파거나 나무를 둥근기둥 꼴로 깎아 만들어요. 뿌리로 만든 것은 '뿌리통', 나무로 만든 것은 '갈통'이라고 하지요. 그 가운데 뿌리로 만든 울림통을 으뜸으로 치는데, 나뭇결이 적어 깨지거나 쪼개지는 일 없이 단단한 데다가 소리도 더 좋기 때문이에요. 길둥글게 생긴 울림통에 구멍을 뚫어 마디가 촘촘한 대나무로 만든 '입죽'을 세워 꽂아요. 울림통과 입죽 끝에 줄 두 개를 당겨 매지요. 줄은 명주실을 꼬아 만드는데, 안쪽 줄은 굵고 바깥쪽 줄은 가늘어요. 입죽 끝은 살짝 구부러진 꼴인데 조이개가 두 개 달려 있지요. 조이개로 줄을 조이거나 풀어서 소리를 맞추어요. 활대는 대나무로 만들고, 활줄은 말총을 매어서 만들어요. 소리가 잘 나게 하려고 활줄에 송진을 발라 연주해요.

◎ **연주법**

해금은 앉아서 연주한다. 지금은 해금을 서서 연주하는 것을 거의 볼 수 없지만, 옛날에는 걸으면서도 연주했다고 한다. 활줄을 안 줄과 바깥 줄 사이에 넣고 문질러 소리를 내는데, 왼손으로 줄을 팽팽하게 당기거나 느슨하게 놓으면서 소리를 바꾼다. 소리 크기는 울림통 옆에 붙어 있는 '원산'을 움직여서 맞춘다. 두 줄을 괴고 있는 원산은 줄에서 나는 소리를 울림통으로 전해 준다. 느슨하게 매어 있는 줄 두 개를 악기 몸통에 기대지 않고 손가락으로만 잡고 타는 데다가 줄 짚는 자리도 정해져 있지 않아서 음 잡기가 어렵다.

✽ 팔음구비(八音具備)와 비사비죽(非絲非竹)

흔히 해금을 두고 '팔음구비'이자 '비사비죽'이라고 말한다. 팔음구비는 우리나라 악기를 만드는 여덟 가지 재료인 팔음(쇠, 돌, 실, 대나무, 박, 흙, 가죽, 나무)을 고루 써서 만들었다는 뜻이다.

쇠는 울림통과 입죽 사이에 끼워 움직이지 않게 하고, 돌은 가루를 내어 울림통 안쪽에 발라 깊은 소리가 나게 한다. 명주실을 꼬아 줄을 만들고 대나무로 입죽과 활대를 만들며 대나무 뿌리로 울림통을 만든다. 박으로 원산을 만들고, 나무로는 조이개를 만든다. 말총에 바르는 송진은 흙으로 본다.

우리 악기 가운데 팔음을 모두 써서 만든 악기는 해금 하나뿐인데, 조상들은 이 세상을 만드는 모든 재료를 팔음이라고 보았다. 따라서 팔음이 모두 들어간 해금은 모든 것을 받아들일 수 있으면서 모든 것과 어우러질 수 있는 힘을 가진 악기라고 여겨 귀하게 다루었다고 한다.

비사비죽은 줄을 퉁겨서 소리 내는 현악기도 아니고 대를 불어서 소리 내는 관악기도 아니라는 뜻이다. 그것을 거꾸로 뒤집어 보면 현악기이자 관악기라는 뜻도 된다. 이 말은 그만큼 우리 음악에서 해금의 역할이 다양하다는 것을 알려 준다. 관악기와 현악기 사이의 소리를 내면서 어떤 소리도 해치지 않고 어울리는 악기가 바로 해금이다. 예를 들어 피리 같은 악기는 숨이 차서 오랫동안 같은 소리를 내기 힘들다. 하지만 해금은 울림은 적어도 소리를 길게 이어서 낼 수 있기 때문에 관악기가 쉬는 동안 그 자리를 채워 주는 것이다.

풍류음악

단소
양금
피리
　향피리
　세피리

풍류음악

옛날 선비들이 마음을 다스리고자 사랑방에 모여 즐기던 음악을 '풍류음악' 이라고 해요. 관악기, 현악기, 타악기를 고루 써서 연주했는데, 주로 어떤 악기를 모아 연주하느냐에 따라 줄풍류와 대풍류로 나눌 수 있어요.

줄풍류는 현악기를 많이 써서 연주하는 풍류음악이에요. 거문고가 중심이 되어 연주를 시작하고 흐름을 이끌어 가요. 해금, 가야금, 세피리, 대금, 장구, 양금도 함께 연주하지요. 차분하고도 은근한 아름다움을 느낄 수 있어요. 〈현악영산회상〉을 비롯해 〈보허사〉, 〈밑도드리〉, 〈웃도드리〉 같은 곡들을 연주해요.
대풍류는 대나무로 만든 대금, 향피리 같은 관악기를 중심으로 연주하는 풍류음악이에요. 향피리 두 개를 중심으로 대금, 해금, 장구, 북이 들어가는 삼현육각 편성으로 연주해요. 선율을 이끄는 향피리의 힘찬 소리에 맞추어 대금도 힘껏 불고 장구도 채편으로 복판을 치는 대풍류는 시원하고 씩씩한 느낌을 주지요. 줄풍류에 견주어 소리가 크고 우렁차서 궁중 같이 넓은 공간에서 연주하기도 했어요. 〈관악영산회상〉, 〈자진한잎〉, 〈동동〉 같은 곡을 연주해요.

영산회상

많은 사람들이 '풍류음악' 하면 곧바로 떠올릴 만큼 많이 연주하는 곡이 〈영산회상〉이에요. 본디 부처님 공덕을 기리며 노래하는 불교음악이었어요. 노랫말이 있을 때는 관악기를 중심으로 하여 춤 반주 음악으로 연주하기도 했어요. 조선 시대에 노랫말이 없어지면서 기악곡으로 자리 잡았지요. 작은 곡 아홉 곡이 모여 큰 곡 하나를 이루고, 처음에는 아주 느리게 시작해서 점점 빨라져요. 마지막 곡에 이르러서는 매우 빠르게 연주하다 끝맺지요.

단소

단소는 불어서 소리 내는 악기예요. 안타깝게도 《악학궤범》은 물론 다른 책에도 남아 있는 기록이 없어요. 판소리나 굿같이 입에서 입으로 전하는 노랫말 속에 단소가 나오는 것으로 보아 백 년쯤 전부터 쓰기 시작했을 것으로 짐작하고 있지요.

단소는 소리가 맑고 깨끗해요. 맑고 높은 소리도 잘 내고 자잘하게 꾸미는 소리도 자유롭게 낼 수 있지요. 그래서 쉬운 음악부터 어려운 음악까지 두루 연주할 수 있어요. 옛날 선비들은 방에서 현악기를 즐길 때 단소를 함께 썼대요. 시조를 읊거나 가사나 가곡을 부를 때는 단소로 매끄러운 반주를 넣기도 했고요.

단소는 오래된 황죽이나 오죽을 다듬어 만드는데, 대나무 양쪽에 골이 파인 것을 으뜸으로 쳐요. 지공은 앞에 네 개, 뒤에 한 개를 뚫고 위쪽 끝에는 반달꼴 구멍을 파요. 여기에 입술을 대고 입김을 불어 넣으면 반은 대나무 통 안으로 들어가고 반은 밖으로 새어 나가는데, 들어간 입김이 대나무 통을 울리면서 소리가 나지요. 요즘에는 사람들이 불기 쉽도록 플라스틱으로 만들기도 하지만 대나무로 만든 단소 소리가 훨씬 깊이가 있어요. 지공을 더 뚫어 일곱 가지 소리가 나는 단소를 만들기도 해요.

◎ **연주법**

단소는 옛날부터 방이나 마루에 가만히 앉거나 서서 연주했다. 소리가 작은 편인 데다가 움직이면 잘 흐트러지기 때문이다.

양금

양금은 쇠줄을 쳐서 소리 내는 악기예요. 서양에서 들어왔다고 해서 '서양금', 두드려 소리 낸다고 해서 '타금'이라고도 해요. 옛날에는 '구라철사금'이라고도 했는데, 유럽에서 들어온 쇠줄 악기라는 뜻이에요.

아주 먼 옛날에 양금은 아라비아 음악을 연주하는 악기였는데 유럽으로 전해져서 널리 쓰였대요. 중국 명나라 때 가톨릭 선교사인 마테오 리치가 중국에 양금을 전했고, 우리나라에는 조선 시대에 들어왔다고 전하지요.

양금으로는 향악을 많이 연주했어요. 학자들은 새로운 악기를 반겨서 양금 악보를 책으로 펴냈다고 해요. 양금 소리는 크지 않고 떨리는 소리가 나지 않아서 다른 악기들과 같이 연주하기 좋았어요. 가야금이나 단소같이 소리가 크지 않은 악기와도 잘 어울리는데, 특히 단소와 연주할 때면 소리가 맑게 빛나서 많은 사랑을 받았지요. 지금도 줄풍류나 가곡 반주에서는 양금을 쓰고 있어요.

양금은 사다리꼴로 생겼는데 다른 악기와 달리 뚜껑이 있어요. 흔히 오동나무로 몸통과 뚜껑을 만들고 뚜껑에는 붉고 결이 고운 나무를 붙여 꾸며요. 뚜껑을 열어 엎어 놓은 다음, 몸통을 그 위에 올려놓고 연주하지요. 줄 받침대가 몸통 양쪽에 있고 줄이 몸통을 가로질러 이어져 있어요. 줄은 모두 열네 벌이에요. 쇠줄 네 개가 모여 줄 한 벌을 이루고, 줄 한 벌은 음 하나를 내지요. 중국에서 나온 주석과 쇠를 녹여 만든 쇠줄이 소리가 좋아서 귀하게 여겼대요.

◐◐◐

양금에는 구리가 들어간 줄을 쓰다 보니 빛이나 열을 받으면 줄이 늘어나 음이 바뀌기 쉽다. 그럴 때는 오른쪽에 박힌 줄감개 못을 돌려서 음을 맞춘다. 하지만 가는 줄 네 개가 모여 한 소리를 내기 때문에 음이 한 번 틀어지면 소리를 바로잡기가 매우 까다로운 편이다.

◎ **연주법**

　양금은 앉아서 연주한다. 손가락으로 줄을 튕기거나 술대로 뜯지 않고 채로 줄을 쳐서 소리를 낸다. 팔목과 손가락에 힘을 뺀 다음, 채 끝 쪽을 잡고 가볍게 줄을 치면 '챙, 챙' 하고 밝은 소리가 난다.

✽ 양금 이야기

  양금에 대한 기록은 박지원의《열하일기》와 이규경의《구라철사금자보》에 남아 있다. 박지원의《열하일기》에 따르면 1772년에 홍덕보가 처음으로 우리 음악에 맞추어 양금 음을 고르는 데 성공해서 그 연주법이 널리 알려지게 되었다고 한다.

  「구라파 쇠줄 현금은 우리나라에서는 서양금이라 하고, 서양인들은 천금이라 하고, 중국인들은 번금 또는 천금이라고 한다. 이 악기가 언제 우리나라에 들어왔는지는 알 수 없으나 향토 곡조를 이 악기에 맞추어 풀어내기는 홍덕보로부터 시작되었다. 건륭 임진년 6월 18일에 내가 홍덕보의 집에 있을 때 유시(酉時)경에 그가 이 악기를 해득함을 나는 그 자리에서 보았다. 대체로 홍 군은 음악 감식에 예민하였는데, 또 이것이 비록 작은 재주나마 처음 있는 일이었으므로 나는 그 날짜, 시각까지 자세히 기록해 두었던 것이다. 그 후, 이 연주법은 널리 전파되어 지금까지 9년 동안 연주할 줄 모르는 악사가 없게 되었다.」
-《열하일기》〈동란섭필〉 가운데에서

피리

피리는 입으로 불어서 소리 내는 악기예요. '필률'이라고도 하지요. 동물 뼈로 만든 피리가 땅에 묻혀 있다 나오기도 하는 것으로 보아 우리나라 사람들은 아주 오래전부터 피리를 불며 즐긴 것으로 짐작하고 있어요.

우리 조상들이 오랜 옛날부터 만들어 써 온 피리를 '향피리'라고 해요. 고려 시대에는 중국에서 당피리가 들어와 향피리와 당피리를 같이 쓰게 되었어요. 향피리와 같지만 크기가 작은 세피리도 만들어 썼지요.

피리는 긴 대나무에 구멍을 뚫어 만들어요. 향피리와 세피리는 해묵고 마디 없이 매끈한 대나무를 쓰고, 당피리는 중국에서 자라는 굵고 마디 있는 대나무를 써요. 당피리가 향피리에 비해 두꺼운데, 길이는 향피리가 더 길지요. 세 가지 피리 모두 지공은 앞에 일곱 개와 뒤에 한 개, 모두 여덟 개가 있어요.

입김을 불어 넣는 위쪽 구멍에는 끝을 납작하게 만든 대나무 껍질 조각을 끼우는데, 이것을 '서'라고 해요. 대나무 속껍질을 다듬어 두 겹으로 만든 서는 물에 담가서 불린 다음에 써야 망가지지 않고 끝이 벌어져 쉽게 숨을 불어 넣을 수 있어요.

피리는 사람 목소리만큼이나 다양한 소리를 낼 수 있어요. 그래서 제례악과 연례악을 비롯하여 풍류음악, 시나위, 산조에 이르기까지 모든 음악 갈래에 빠지지 않아요. 소리가 분명하고 한 가지 음을 길게 이어서 내기도 쉽기 때문에 다른 악기들과 같이 연주할 때는 중심이 되어 음악을 이끌지요. 요즘에는 소리 내기도 쉽고 더 큰 소리가 나도록 고쳐 만든 대피리도 있어요.

향피리

세피리

당피리

향피리는 소리가 크고 잘 울려서 여러 악기들과 함께 연주할 때 소리가 잘 드러나요. 그래서 연례악을 연주할 때나 군례악을 연주할 때도 향피리가 빠지지 않았어요. 향피리, 대금, 해금, 장구, 북이 모여서 풍류음악을 연주할 때도 향피리가 으뜸 악기지요. 향피리 하나로 멋들어지게 연주하기도 하고요. 궁궐에서 쓰는 향피리는 백성들이 즐겨 쓰는 피리보다 조금 더 길었다고 해요.

세피리는 소리가 여리고 가늘어서 흔히 방 안에서 연주했어요. 거문고, 가야금, 양금, 단소 같은 악기와 함께 풍류음악을 연주하거나, 선비들이 시조를 노래할 때 반주를 넣어 주기도 했지요.
    가느다란 대나무 관에 꽂아 부는 서가 아주 작은 세피리는 입김 불어 넣기가 힘들어 연주하기 무척 어려운 악기이기도 해요.

당피리는 고려시대에 중국 송나라에서 들여와 당악을 연주할 때 썼어요. 조선시대에 들어서면서 종묘제례악을 연주할 때 쓰기 시작하여 지금까지 쓰고 있어요. 폭넓고 활달한 소리가 나서 임금이 행차할 때나 잔치를 열 때 연주하기도 했지요.
    당피리는 세피리보다 굵어서 소리 내기가 쉽기 때문에 세피리를 처음 배우는 사람들이 먼저 익히는 데 쓰기도 해요.

세피리 연주

◎ **연주법**

　향피리와 세피리는 연주법이 거의 같다. 먼저 바른 자세로 앉아 왼손으로는 피리 위쪽 지공 네 개를 짚고 오른손은 나머지 지공을 짚는다. 입술로 서를 가볍게 물고 연주를 하는데, 구멍을 열고 닫거나 불어 넣는 숨의 세기를 조절해서 여러 가지 소리를 낸다. 입안의 혀를 이리저리 놀리거나 서에 갖다 대면서 소리를 꾸미기도 한다.

군례악

교방고
나각
나발
용고
운라
자바라
중고

군례악

군례악은 임금이 나들이할 때나 군대에서 의식을 치를 때 군사들이 연주했던 음악이에요. 군례악 가운데서도 으뜸은 대취타지요. 불고 친다는 뜻을 지닌 이름처럼 부는 악기와 치는 악기를 써요. 군대가 행진할 때나 임금이 나들이할 때, 외국에서 귀한 손님이 왔을 때 특별한 행차를 음악으로 돋보이게 하려고 연주했어요.

대취타는 관악기인 태평소, 나각, 나발과 타악기인 징, 자바라, 장구, 용고 들을 써서 연주해요. 이들 악기 가운데 나각과 나발은 관악기이기는 하지만 저마다 한 가지 음만 내고 가락을 연주하는 것은 태평소뿐이지요.

연주를 지휘하는 집사가 지휘봉처럼 생긴 등채를 머리 위로 높이 들어 올리면서 "명금일하 대취타!(징을 한 번 치고 대취타를 시작하라)" 하고 외치면 징 치는 사람이 징을 한 번 울리고, 용고 치는 사람이 북채로 북 가장자리를 한 박자에 두 번씩 치면 다같이 대취타 연주를 시작해요. 연주를 끝낼 때에는 집사가 "허라금!(요란한 소리를 멈추라)" 하고 외쳐요. 이렇게 연주 앞뒤로 외치는 소리는 음악에 위엄을 더하고 예스러운 느낌을 주어요.

연주자들은 노란색 두루마기를 입고 굵은 남색 띠를 허리에 둘러요. 머리에는 '초립'이라고 부르는 노란색 모자를 쓰는데, 꿩의 꽁지깃을 꽂아서 꾸미지요.

군대에서는 매일 아침저녁으로 문을 여닫을 때 대취타에 편성하는 악기 가운데 몇 가지를 골라 연주했어요. 대취타에 비해 악기 수나 크기가 작다고 '소취타'라고 불렀대요.

취타는 대취타에서 쓰는 태평소 가락을 조금 높여서 만든 관현악곡으로 '만파정식지곡'이라고도 해요. 행진하면서 연주하는 대취타와 달리 취타는 앉아서 연주하지요. 궁중에서 듣고 즐기는 궁중 음악 가운데 하나인 셈이에요. 큰 짜임새는 대취타오 같지만 연주하는 악기 수는 적어요. 거문고, 가야금, 향피리, 대금, 해금, 아쟁, 장구, 좌고가 들어가는데, 대취타에 비해 타악기가 적고 가락 악기가 많아요. 힘차고 성대한 느낌은 대취타와 비슷해요.

대취타 편성 악기

장구
나발
태평소
나각
자바라
징
용고

취타 편성 악기

교방고

교방고는 가죽을 두드려서 소리 내는 악기예요. 중국 당나라에서 궁중 무용과 음악을 가르치던 곳인 '교방'에서 쓰던 북이라고 이름이 교방고지요.

북통에는 금방이라도 하늘로 솟아 올라갈 것 같은 용이 그려져 있어요. 북통에 달린 쇠고리를 북틀에 달린 고리에 걸어 네 발 달린 북틀 위에 올려놓아요. 북면이 위를 보도록 눕혀 놓고 북채로 내려치지요.

고려 시대부터 당악을 연주하는 데 썼고, 조선 시대에 들어서는 여러 궁중 행사 때 자주 쓰였어요. 연례악을 연주할 때는 교방고를 여러 악기들 가운데에 놓고 장구가 악절에 따라 북편을 치면 그 장단에 맞추어 같이 쳤대요.

임금이 행차할 때는 행렬 앞뒤에서 다른 악기들과 함께 연주하기도 했어요. 군대에서 씩씩하게 행진할 때도 두드렸지요. 이렇게 행진하며 연주할 때는 교방고를 얹어 놓은 북틀 아래에 긴 장대 두 개를 끼운 다음, 두 사람이 어깨에 메고 걸어요. 그러면 다른 한 사람이 따라 걸어가며 북을 쳤지요.

교방고처럼 걸으면서 연주할 수 있는 북으로는 용고가 있어요. 용고는 교방고와 생김새는 같은데 크기가 조금 작아요. 그래서 메는 사람을 따로 두는 교방고와 달리 북통에 달린 고리에 긴 천을 꿰어 어깨에 멘 채 혼자 걸으며 연주할 수 있지요.

◉◉◉

궁궐에서 잔치가 있거나 춤을 출 때 썼던 북인 '무고'는 교방고와 생김새가 닮았다. 크기는 교방고보다 조금 작고 북통 둘레에 용 대신 푸른색, 붉은색, 흰색, 검은색을 칠해서 동서남북을 나타냈다. 발이 세 개 달린 북틀에 무고를 얹는데, 화려한 비단 천을 둘러 꾸미기도 했다. 무고무(舞鼓舞)를 출 때는 북을 에워싸고 둥글게 돌면서 춤을 추기도 하고 두 손에 북채를 들고 북을 두드리며 놀았다. 하늘거리는 나비 한 쌍이 꽃을 맴도는 듯, 용 두 마리가 구슬을 두고 다투는 듯했다고 한다.

나각

나각은 불어서 소리 내는 악기예요. '나', '나라', '소라' 라고도 해요. 큰 소라 껍데기로 만든 소라 피리지요. 궁중에서 연례악과 제례악을 연주하는 데 썼어요. 씩씩하게 부는 악기라 군례악을 연주할 때도 많이 썼어요. 지금도 태평소, 나발, 징, 자바라, 용고와 함께 대취타를 연주하는데, 나발과 번갈아 '부우-' 불면서 음악에 뼈대를 세워 주지요. 나라에서 제사 지낼 때 장군님들을 기리는 춤을 출 때도 나각이 반주를 넣지요.

옛날에는 나각을 부는 군인을 '취라군' 또는 '취라적' 이라고 불렀어요. 임금이나 장군이 탄 수레 뒤에는 취라군이 따르곤 했는데, 조선 시대에는 취라군을 백 명 남짓 두었다고 해요. 나각 부는 솜씨에 따라 뽑아 나중에는 벼슬을 주기도 했대요.

나각은 바다에 사는 큼지막한 소라를 잡아 만들어요. 소라 크기가 가지가지여서 정해진 크기는 없지요. 뾰족한 소라 껍데기 꽁무니를 갈아서 구멍을 낸 다음, 입김을 불어 넣는 취구를 만들어 끼워요. 본디 생김새 그대로 쓰기도 하지만 천을 씌우거나 소라 속을 붉은색으로 칠해서 꾸미기도 해요.

◎ **연주법**

나각은 서서 연주한다. 오른손으로 나각의 벌어진 쪽이 위를 보도록 잡고 엄지손가락을 나각 안쪽으로 넣어 감아쥔다. 취구에 입김을 불어 넣으면 '부우-' 하고 외마디 긴 소리가 나는데 낮으면서도 우렁차다. 소라 생김새와 크기에 따라 소리가 조금씩 다르다.

나발

나발은 불어서 소리 내는 악기예요. 서양 악기인 나팔처럼 생겼지만 '나팔'이 아니라 '나발'이라고 하지요. 옛 이름은 '각'이고 '땡가리', '땡각', '영각'이라는 이름도 있어요. 본디 중국 악기인데 정확히 언제 들어왔는지는 전하지 않아요. 《악학궤범》을 보면 나발과 생김새가 비슷한 '대각'이라는 악기가 나오지요. 대각은 제례악을 연주할 때 썼다고 해요. 나발은 처음에는 군대에서 신호를 주고받을 때 쓰다가 차츰 군례악과 풍물놀이에서도 다른 악기와 함께 연주하게 되었대요.

나발은 놋쇠로 만들어요. 우리 악기 가운데 놋쇠로 만들어 부는 악기는 나발뿐이래요. 옛날에는 나무나 동물 뼈로도 만들었다고 해요. 긴 대롱 같이 생겼는데 길이가 1미터 남짓으로 꽤 길어요. 입에 대고 부는 쪽은 굵기가 가늘지만 끝으로 갈수록 점점 굵어져서 맨 끝은 나팔꽃처럼 활짝 퍼졌어요. 길이가 긴 나발은 세 토막으로 나뉘어 있지요. 안 쓸 때는 넓은 쪽으로 밀어 넣어 짧게 만들 수 있어서 가지고 다니기 좋았어요. 지공이 없어서 한 가지 소리만 내는데, 나발 길이에 따라 음높이가 달라져요.

◎ **연주법**

나발은 오른손으로 나발 끝 쪽을 들어 올린 채 연주한다. 취구에 입을 대고 입김을 불어 넣으면 '부우-' 하고 씩씩하고 우렁찬 소리가 나는데, 입술로 소리의 세기와 높낮이를 조금씩 바꿀 수 있다.

용고

용고는 가죽을 두드려서 소리 내는 악기예요. 하늘로 오르는 용이 그려진 북이라고 용고라고 하지요. 옛날에는 행진할 때 쓰는 북이라고 '행고'라고도 했대요. 군례악을 연주할 때 빠지지 않는 북이었어요. 조선 시대 그림 〈화성능행도〉를 보면 태평소, 징, 자바라, 나발, 나각과 함께 용고를 두드리고 있는 모습을 볼 수 있어요. 지금도 대취타를 연주할 때 용고를 꼭 함께 쓰고 있지요.

용고도 다른 북들처럼 나무로 만든 북통에 가죽을 메워 만들어요. 북통에 용이 그려져 있는 교방고, 좌고, 중고와 생김새가 아주 비슷한데, 그 가운데 크기가 가장 작은 북이에요. 판소리에 반주를 넣는 소리북은 북통에 용만 그리지 않았을 뿐 크기나 생김새가 용고와 거의 같지요.

용고는 걸어 다니면서도 연주할 수 있도록 북통 양쪽에 둥근 고리를 박아 만들어요. 고리에 끈을 꿰어서 어깨에 멘 채로 두드리지요. 요즘에는 허리에만 끈을 두르고도 쉽게 고정할 수 있도록 만들어 써요.

◎ **연주법**

북통이 아랫배쯤에 오도록 끈을 멘 다음, 북채를 양손에 하나씩 잡고 머리 위까지 들어 올렸다가 내려치면 '둥' 하고 큰 소리가 난다. 다른 대취타 연주자들은 맨손으로 연주하지만 용고 치는 사람은 손목에 흰색 한삼을 끼어서 북채를 쥔 손을 감춘다.

운라

운라는 쇠를 두드려서 소리 내는 악기예요. '구운라', '운오'라고도 해요. 제각기 다른 소리가 나는 징을 여러 개 모아 두드리지요. 조선 시대의 화가 김홍도가 그린 〈평양감사환영도〉에 운라 연주 모습이 있는 것으로 미루어 우리나라에 들어온 것은 조선 말 무렵으로 보고 있어요. 소리가 밝아서 흥겨운 음악을 연주하거나 길에서 행진할 때 많이 연주했어요. 지금도 대취타에 쓰고 있지요.

운라는 작은 징 열 개를 나무틀에 매달아서 만들어요. 징은 구리로 만들었는데, 납작하게 접시 꼴로 생겼어요. 크기는 같지만 두께가 저마다 달라서 두꺼울수록 높은 음을 내지요. 작은 나무망치로 치면 실로폰 소리처럼 맑고 가벼운 소리가 나요. 길게 남는 울림이 없이 '챙' 하고 짧게 울려요. 맨 아래 왼쪽에 있는 징이 가장 낮은 소리를 내고 오른쪽으로 가면서 소리가 차츰 높아져요. 둘째 줄은 오른쪽에서 왼쪽으로 갈수록 높아지고, 셋째 줄은 다시 왼쪽에서 오른쪽으로 갈수록 소리가 높아지지요. 맨 위에 걸린 징 하나가 가장 높은 소리를 내요.

◎ 연주법

작은 망치로 징 가운데를 쳐서 소리를 낸다. 걸으면서 연주할 때는 나무틀 아래쪽에 달려 있는 자루를 왼손으로 잡거나 끈을 이어 어깨에 멘다. 바닥에 앉아서 연주할 때는 네모난 나무 받침대에 자루를 꽂아 세워 놓고 치는데, 이 받침대를 '방대'라고 한다.

자바라

자바라는 놋쇠 판을 맞부딪쳐 소리 내는 악기예요. '바라', '발', '제금'이라고도 하지요. 인도에서 만든 악기라고 전하는데, 중국에는 남북조 시대에 쓰던 자바라가 아직도 남아 있대요.

중국 송나라 사신이 쓴 《고려도경》에 자바라와 비슷한 '요발' 이야기가 나오는 것으로 미루어 보아 우리나라에서도 오래전부터 써 온 악기임을 알 수 있어요.

불교 발생지인 인도에서 만든 것을 보아도 자바라는 불교 의식과 관련 있는 악기임에 틀림없는 것 같아요. 우리나라뿐만 아니라 불교가 전파되었던 중국, 일본의 불교문화에서도 자바라를 쉽게 찾아볼 수 있으니까요.

자바라는 불교 의식뿐만 아니라 불교음악을 연주하기도 하고 재를 지낼 때 춤이나 범패에 반주를 넣기도 했어요. 불교 의식에 뿌리를 둔 굿을 할 때도 썼고요.

조선 시대에는 자바라가 군례악을 연주하는 데 쓰이기 시작했어요. 놋쇠 판 두 짝을 힘껏 맞부딪치면 정신이 번쩍 들 만큼 맑고 큰 소리가 울려 퍼지는데, 씩씩하고 힘찬 행진 음악을 연주하는 데에는 이런 자바라가 안성맞춤이었지요.

서양 악기 심벌즈와 닮은 자바라는 놋쇠를 두드려서 만들어요. 얇고 둥근 꼴을 잡은 다음, 가운데를 바깥쪽으로 볼록하게 나오게 만들고 구멍을 뚫지요. 구멍에 끈을 꿰어 손잡이를 다는데, 대취타나 굿에 쓰는 자바라는 흰 무명천을 길게 매어 두 개를 하나로 잇기도 해요.

🌑🌑🌑

자바라는 크기와 쓰임새에 따라 이름도 다르다. 대취타에 쓰는 것을 '자바라'라고 하는데 크기가 가장 크다. 절에서 쓰는 자바라는 '동발'이라고 해서 부처님께 향을 올릴 때나 큰 모임과 장례를 치를 때 쓴다. '향발'은 궁중에서 음악에 맞춰 춤출 때 양손에 하나씩 잡고 치던 것으로 자바라 가운데 가장 작다. 무속음악을 연주할 때 쓰는 자바라는 '제금'이라고 달리 부른다.

◎ **연주법**

　자바라는 놋쇠 판 두 짝을 부딪쳐 소리를 낸다. 대취타에서는 오른손과 왼손에 하나씩 든 채 두 손을 들었다 내려치기도 하고, 양팔을 벌렸다 마주치면서 크게 울리기도 한다. 징과 같은 장단으로 치는데 서두르지 않고 천천히 친다. 손잡이에 천을 길게 매어 목에 걸고 치기도 한다. 굿에서는 비비듯이 부딪쳐 소리를 내는데, 매우 빠르게 친다.

✽ 바라춤

　바라춤은 절에서 재를 올릴 때 스님들이 자바타를 들고 추는 춤이다. 불교 음악인 범패와 더불어 추는 바라춤은 부처님께 올리는 춤인 만큼 그 움직임이 엄숙하고 스치듯 치는 동발 소리는 신비로운 느낌을 준다. 춤사위도 춤이라기보다는 마치 기도하는 듯 두 손을 모아 동발을 치며 움직인다. 동발을 젖혀 땅 가까이 대고 조용히 흔들거나 머리 위로 들고 돌리기도 한다. 스님들이 큰 소리를 내는 악기인 자바라를 들고 추는 춤에는 사람들이 무딘 마음에서 깨어나서 깨끗한 영혼을 지니도록 부처님께 비는 마음이 담겼다고 한다.

　무당이 굿을 할 때도 바라춤을 춘다. 방울과 부채를 들고 굿 마당을 한 바퀴 돈 다음 제금을 양손에 하나씩 들고 춤을 춘다. 제금을 치며 빠른 장단에 맞춰 춤을 추는데 악귀를 몰아내어 영혼을 구하려는 뜻이 담겨 있다. 춤을 춘 다음 제금을 던져 점을 치기도 하는데 제금 둘 다 안쪽이 위를 보면 좋고 바깥쪽이 위를 보면 나쁘다고 믿는다.

중고

중고는 가죽을 두드려서 소리 내는 악기예요. 북틀 위에 북면이 위쪽을 보고 누운 모습과 북통 둘레에 울긋불긋한 용이 그려진 생김새는 교방고와 닮았지만 북통이 훨씬 크지요.

조선 시대에 중국 청나라에서 다른 북들과 함께 중고를 들여왔어요. 중고는 흔히 군대에서 용고와 함께 음악을 연주할 때 썼어요. 크기가 작은 용고와는 달리 중고는 행진 음악에는 쓰지 않고 군대에서 제사를 지낼 때 많이 썼지요.

옛날에는 임금님이 행차하거나 군대가 행진할 때 맨 앞에 선 사람이 '둑'이라고 불리는 큰 깃발을 세워 들었는데, 그 둑을 들고 나가기 전에 '둑제'라는 제사를 지냈대요. 《악학궤범》에 따르면 정조 때 올렸던 둑제에서 악사들이 갑옷과 투구를 갖추고 장구, 피리, 대금, 태평소, 소금, 해금과 함께 중고를 연주했다고 해요. 잔은 모두 세 번을 올렸는데, 두 번째 잔과 세 번째 잔을 올릴 때 꼭 중고를 쳤어요. 그릇을 덮을 때도 중고를 쳐서 알렸대요.

◎ **연주법**

네 발로 된 북틀 위에 북통을 올려놓고 북채를 위로 들었다 내려쳐서 소리를 낸다. 북통이 큰 만큼 소리도 묵직하게 '둥, 둥, 둥' 울린다.

제례악

고와 도	절고
도	지
노고와 노도	진고
뇌고와 뇌도	축
영고와 영도	특경
금과 슬	특종
박	편경
방향	편종
부	훈
소	
약과 적	
어	

제례악

종묘제례악

조선 시대 왕과 왕비의 위패를 모신 종묘에서 제사 지낼 때 연주하는 음악을 '종묘제례악' 이라고 해요. 제사 올리는 순서에 따라 음악 연주와 함께 선왕의 공덕을 기리고 자손들의 복을 비는 노래를 부르는데, 이 노래를 '악장' 이라고 해요.

종묘제례악에 쓰는 음악은 조선 시대에 세종 대왕이 만들었어요. 선왕 제사에 우리 음악이 아닌 중국 당악을 쓰는 것을 안타깝게 여겨 손수 제사 음악을 만든 것이지요. 오늘날까지 종묘제례 때 연주하는 〈보태평〉과 〈정대업〉이란 곡도 이때 만들었어요. 〈보태평〉은 옛 왕의 문덕을, 〈정대업〉은 무공을 기리는 곡이지요. 이 음악에 맞추어 64명이나 되는 사람들이 붉은색 옷을 입고 여덟 줄로 서서 춤을 추는데 그것을 '팔일무' 라고 하지요.

종묘제례악은 대궐 댓돌 위에서 연주하는 등가와 댓돌 아래에서 연주하는 헌가로 나뉘어요. 저마다 대금, 당피리, 편종, 편경, 아쟁, 장구, 해금, 방향, 징, 축 같은 악기를 고루 갖추고 번갈아가며 연주를 해요. 여러 악기가 어우러져 잔잔하고 깊이 있는 분위기를 만들어 주지요. 오늘날 종묘제례악은 중요 무형 문화재 제 1호이자 세계무형문화유산으로 지정되어 있어요. 옛날에는 한 해에 다섯 번씩 종묘제례를 올렸지만 요즘에는 해마다 한 번씩 5월 첫째 주 일요일에 종묘제례를 볼 수 있지요.

문묘제례악

공자의 위패를 모신 문묘에서 제사 지낼 때 연주하는 음악을 '문묘제례악' 이라고 해요. 고려 예종 때 중국에서 만든 음악을 들여와 우리한테 맞도록 다듬고 악기와 악보도 새로 만들었지요. 종묘제례악과 마찬가지로 등가와 헌가로 나뉘어요. 등가에는 특종, 편종, 금, 슬 같은 타악기와 현악기를 많이 넣고, 헌가에서는 편종, 진고, 훈, 지, 축, 어 같은 타악기와 관악기를 많이 써요. 음악 연주와 함께 노래와 팔일무를 하는 것도 종묘제례악과 비슷하지요. 본 고장인 중국에서는 사라졌지만 우리나라에서는 문묘를 만들어 놓고 해마다 음력 2월과 8월에 제사를 올리면서 연주하고 있어요.

종묘제례악 편성 악기

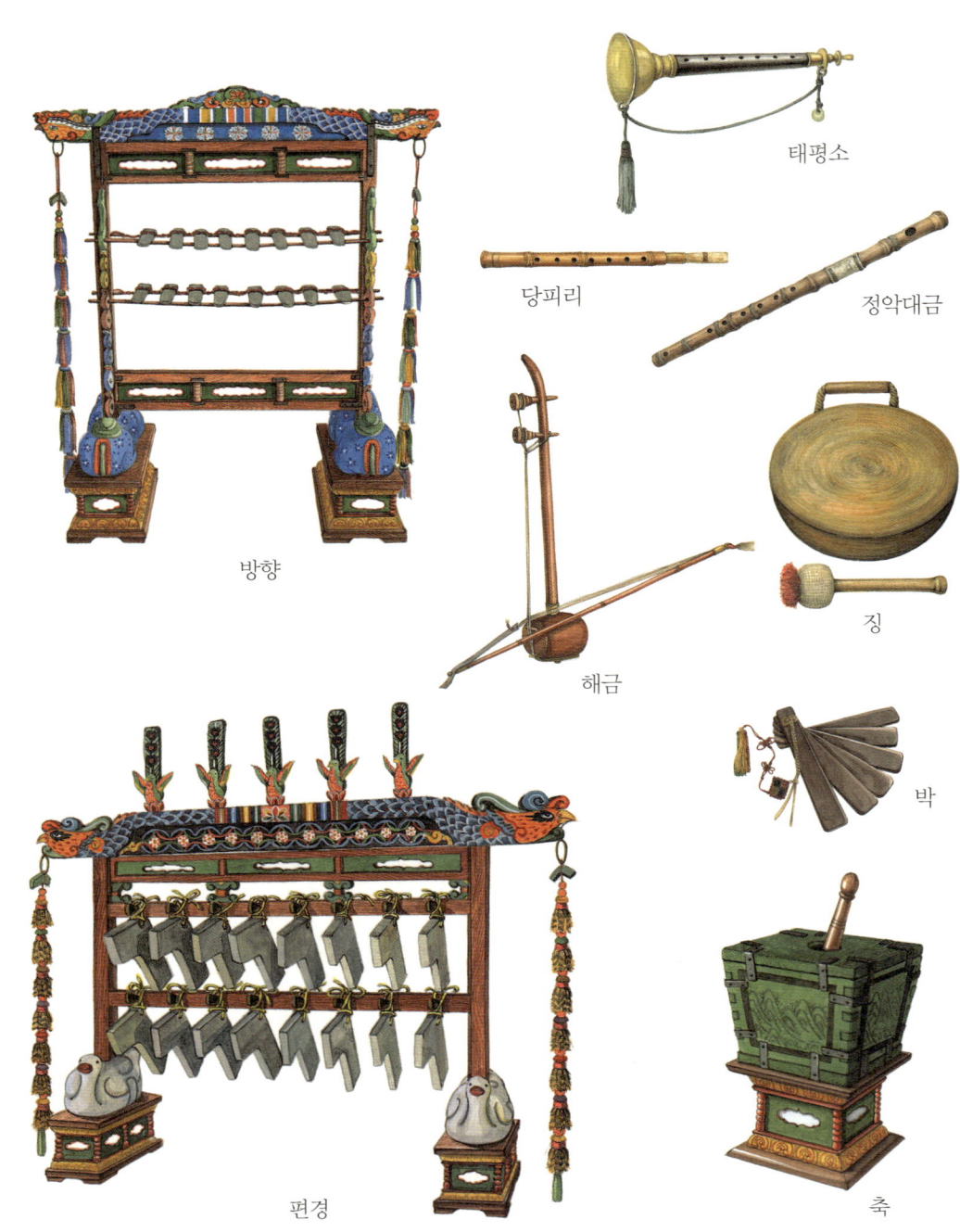

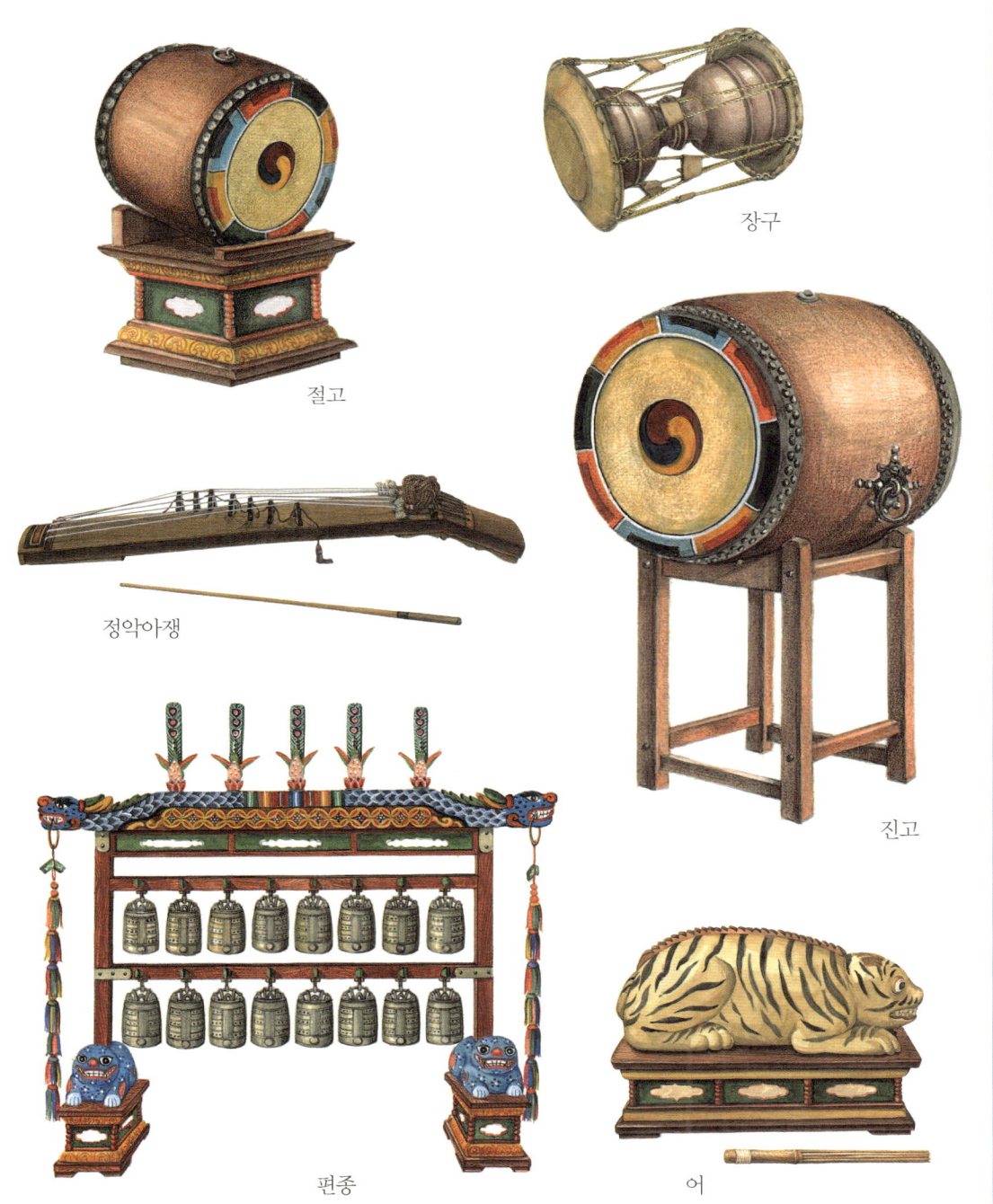

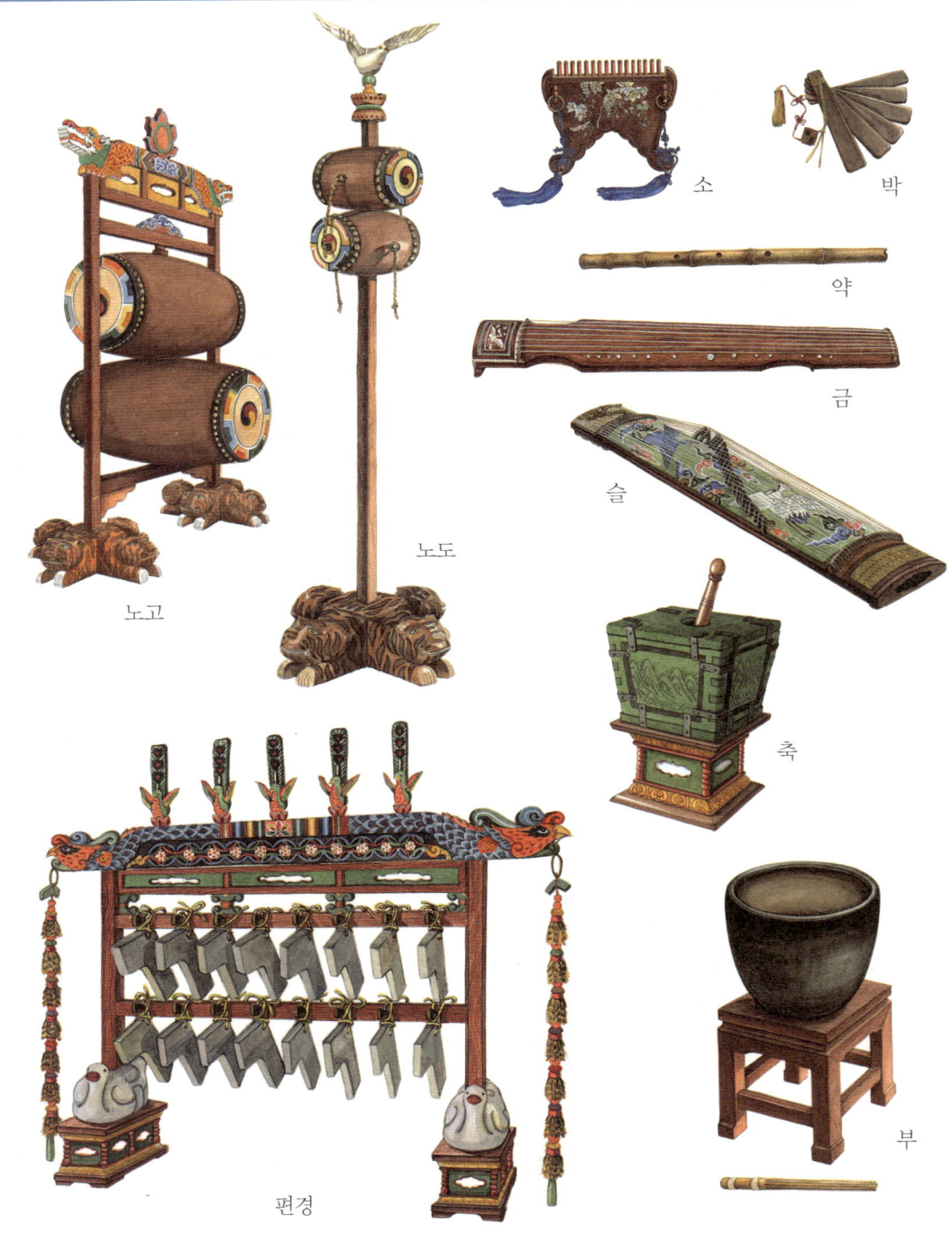

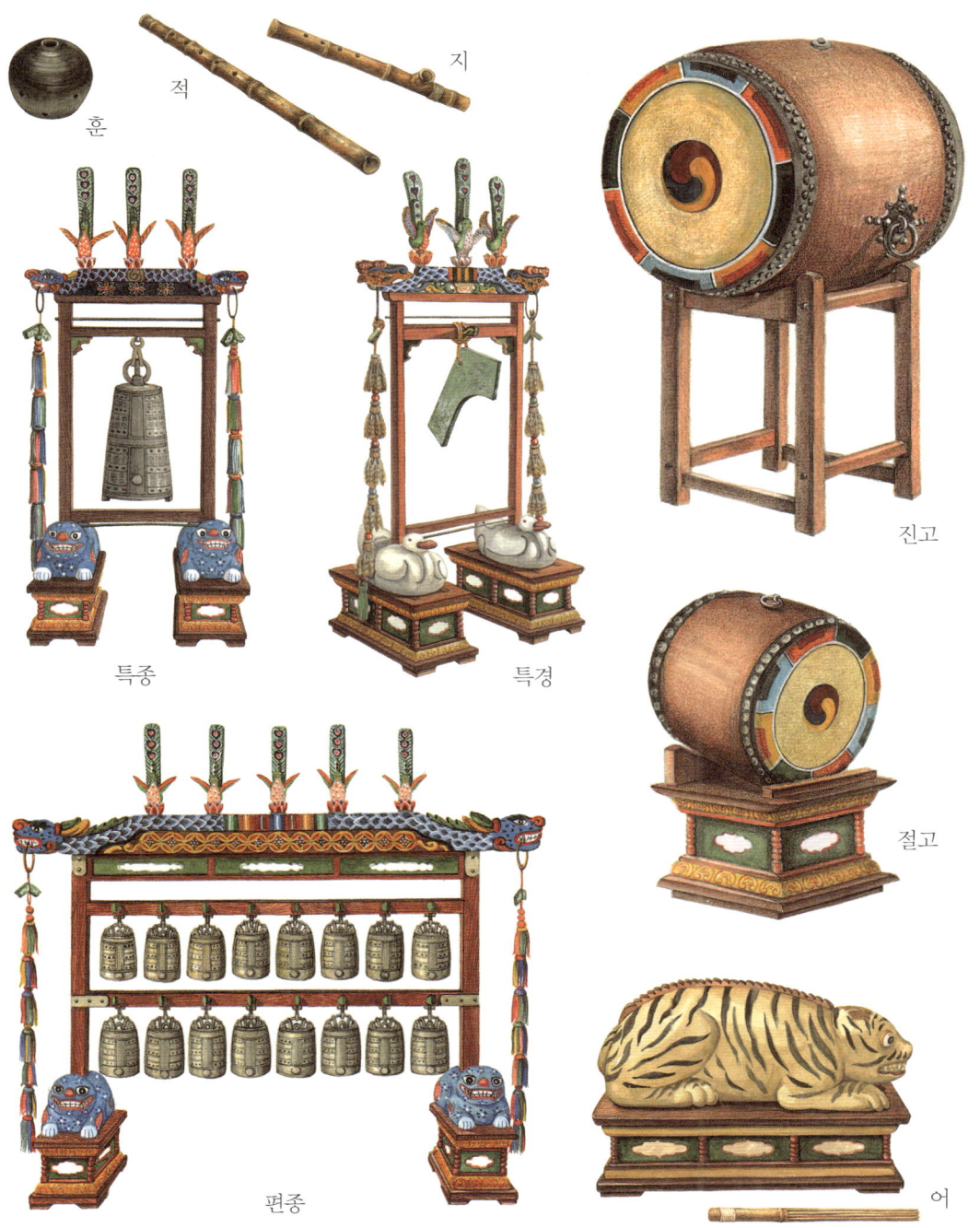

고와도

예로부터 우리 겨레는 하늘과 땅, 그리고 조상을 우러러 섬기는 마음을 소중하게 여기며 살아왔어요. 집집마다 집안 제사를 모시듯이 나라에서도 하늘과 땅, 조상님께 올리는 제사를 게을리하지 않았지요. 해마다 때를 정해 큰 제사를 올렸어요.

옛날 사람들은 쇠는 열에 녹아 모습을 바꾸어도 가죽은 그 모습을 바꾸지 않으니 가죽은 한결같음을 나타내는 것이라 여겼어요. 제례악에서 쇠로 만든 악기보다 가죽으로 만든 북을 많이 쓴 것도 조상을 모시는 한결같은 마음을 나타내고자 한 것이지요. 이런 북들은 음악을 연주하기보다는 신을 맞이하고 마음을 전하는 데 더 큰 뜻을 두었어요.

도, 노고와 노도, 뇌고와 뇌도, 영고와 영도도 제사에 쓰려고 따로 만든 북인데, 항상 짝을 이루어 쓰지요. 생김새는 비슷하지만 쓰임새에 따라 북 색깔과 개수가 달라요.

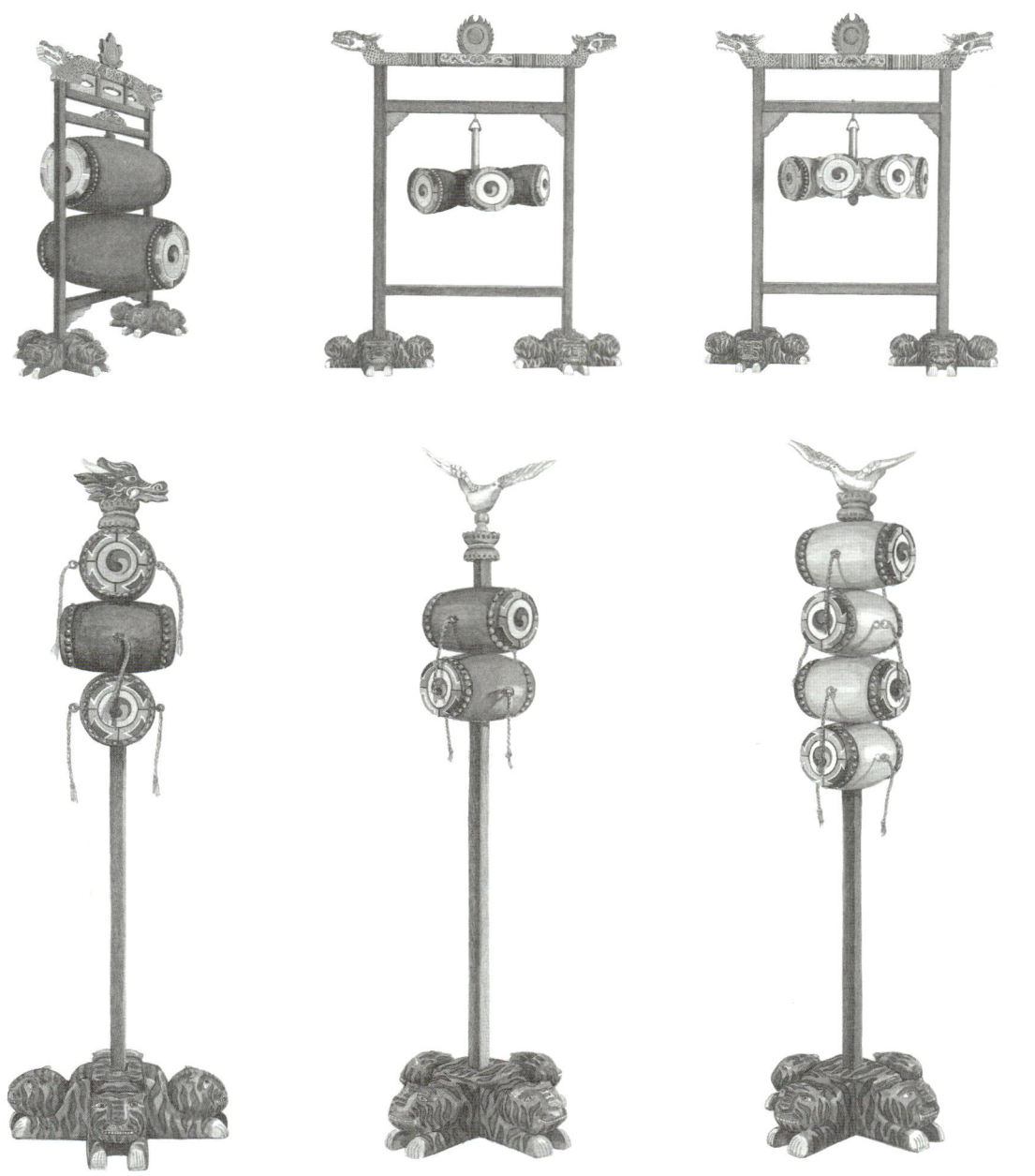

도는 가죽을 두드려서 소리 내는 악기예요. 고려 시대에는 '도고'라고 불렀어요. 《고려사》〈악지〉에 따르면 도는 제사 때 장군을 기리며 추는 춤인 무무에 썼다고 해요. 두 사람이 도를 들고 제례악에 맞추어 춤을 추었는데, 악절이 끝날 때마다 한 번씩 흔들어 소리를 냈어요. 춤과 음악이 잘 어울리도록 도와주는 구실만 하고 음악을 연주하지는 않았다고 해요. 《세종실록》을 보면 도 그림이 있지만, 세종 때 나온 회례연 그림에는 도가 보이지 않아요. 《악학궤범》에는 '북통이 하나인 도는 지금은 쓰지 않는다.'라고 되어 있고요. 이로 미루어 볼 때 고려 시대에는 도를 썼지만 조선 세종 때부터는 쓰지 않았다고 할 수 있지요. 오늘날 국립국악원에 남아 있는 도는 《악학궤범》에 있는 모습 그대로 1930년쯤에 새로 만든 거예요.

　도는 길둥글고 작은 북 하나를 긴 나무 막대에 꿰어 만들어요. 북통 양쪽에는 귀처럼 생긴 쇠고리를 박고 가느다란 가죽끈을 달아매었어요. 막대 위쪽 끝에는 연꽃 받침이 있고 그 위에는 날개를 편 흰 새가 앉아 있어요. 연주를 할 때는 호랑이 네 마리가 엎드린 모습으로 생긴 받침대에서 도를 빼서 오른쪽, 왼쪽으로 비비듯이 흔들어요. 그러면 가죽끈이 흔들리면서 북면을 치지요. 도, 노도, 뇌도, 영도는 생김새와 크기가 꼭 닮았어요. 다만 쓰임새에 따라 북 개수와 북통 빛깔만 달라요.

도

노고와 노도는 가죽을 두드려서 소리 내는 악기예요. '노'는 사람이 다니는 길이라는 뜻인데, 사람 신한테 제사 지낼 때 쓰는 북이라서 이런 이름이 붙었지요. 북통도 사람을 뜻하는 붉은색으로 칠했어요. 사람들한테 처음으로 농사를 가르쳐 준 선농, 누에치기를 처음 시작한 선잠, 그리고 공자님께 제사 지낼 때 썼다고 해요. 나라에서 지내는 제사가 많이 없어지면서 지금은 문묘제례악을 연주할 때만 쓰고 있어요.

　노고는 북통 길이가 거의 1미터쯤 되는 길고 큰 북 두 개를 나무틀에 서로 엇갈리게 매단 것이에요. 세종 때는 뇌고나 영고처럼 조그만 북을 매달아 만들었다고 하는데, 지금 쓰고 있는 노고는 《악학궤범》에 나온 모습대로 새로 만들어서 북이 훨씬 더 커요. 나무틀 위쪽에는 해와 용 머리를 붙여 꾸몄어요. 나무틀 기둥은 사방을 향해 엎드린 호랑이 네 마리가 받치고 있어요. 연주는 앉아서 하는데, 네 북면 가운데 하나만 쳐요. 음악을 시작하거나 끝낼 때 진고를 울리면 따라 치지요. 진고 소리보다 작고 높은 소리가 나요.

　노도는 길둥글고 조그만 북 두 개를 사람 키만 한 긴 나무 막대 위쪽에 십자꼴로 엇갈리게 꿰어 만들었어요. 도와 똑같이 생겼는데, 도는 북이 하나이고 노도는 북이 두 개인 것만 달라요. 노고와 마찬가지로 북면이 네 개지요. 제례악을 연주하기 전에 신을 맞이한다는 뜻으로 세 번 흔들어 소리를 내요.

노고

노도

◎ 노고 연주법

　노고는 나무로 만든 북채로 북면 가운데를 두드려 소리 낸다. 음악을 시작할 때와 끝낼 때 치고, 연주하는 사이사이에 가끔씩 치기도 한다. 음악을 시작하거나 끝낼 때는 큰북 진고를 따라 친다.

◎ 노도 연주법

　노도는 다른 북처럼 북면을 채나 손으로 두드려 소리를 내지 않는다. 먼저 받침대에서 자루를 빼고 자루 가운데를 양손으로 잡는다. 그리고 자루 아래 쪽을 두 발 사이에 끼운 다음, 손으로 자루를 빠르게 비틀면서 돌린다. 그러면 북통 고리에 걸린 가죽끈 끝이 북면에 닿아 소리가 난다. 소리가 더 잘 나게 하려고 가죽 끈 끝에 매듭을 짓거나 무거운 추를 달기도 한다. 끈이 북면에 제대로 닿아야 소리가 잘 나는데, 소리 내기가 쉽지 않다. 쓰고 나면 다시 받침대에 꽂아 세워 둔다. 도, 영도, 뇌도 연주법도 노도와 같다.

뇌고와 뇌도는 가죽을 두드려서 소리 내는 악기예요. '뇌'는 천둥을 뜻해요. 이름에서도 알 수 있듯이 뇌고와 뇌도는 하늘에 제사 지낼 때 쓰는 북이지요. 하늘이란 해, 바람과 구름, 번개와 비, 산과 물 같은 모든 자연을 이르는 것이에요. 조선 시대에는 환구단에서 하늘에 제사를 지낼 때 이 북을 썼어요.

옛날 사람들은 검은색과 말이 하늘을 뜻한다고 여겼어요. 그래서 뇌고와 뇌도는 북통을 검은색으로 칠하고 북면은 말가죽으로 메워 만들었어요. 옛날에는 둘 다 북면이 여덟 개였는데, 지금 남아 있는 뇌고와 뇌도는 북면이 여섯 개예요. 하늘 신을 맞이하는 음악을 여섯 번 되풀이하니까 북면도 그에 따라 여섯 개로 줄였대요.

뇌고는 세종 때만 해도 조그마한 북 네 개를 나무틀에 매달아 만들었다고 해요. 그 뒤에 북면을 여섯 개로 맞추면서 마늘처럼 끝이 뾰족한 북을 서로 맞닿게 한 다음 둥근 꼴로 매달았지요. 북면은 모두 여섯 개지만 두드릴 때는 그 가운데 하나만 정해 놓고 쳐요. 틀은 나무 호랑이들이 받치고 있고, 틀 위에는 양쪽으로 용 머리를 얹어 꾸몄어요.

뇌도는 길둥글고 조그마한 북 세 개를 긴 나무 막대에 엇갈리게 꿰어 만들어요. 나무 막대 위쪽에는 용 머리로 꾸몄어요. 도, 노도, 영도처럼 흰 새를 앉히지 않고 용을 앉힌 까닭은 용이 하늘을 뜻하기 때문이지요. 음악이 시작하기 전에 왼쪽, 오른쪽으로 번갈아 세 번을 흔들어 소리 내요.

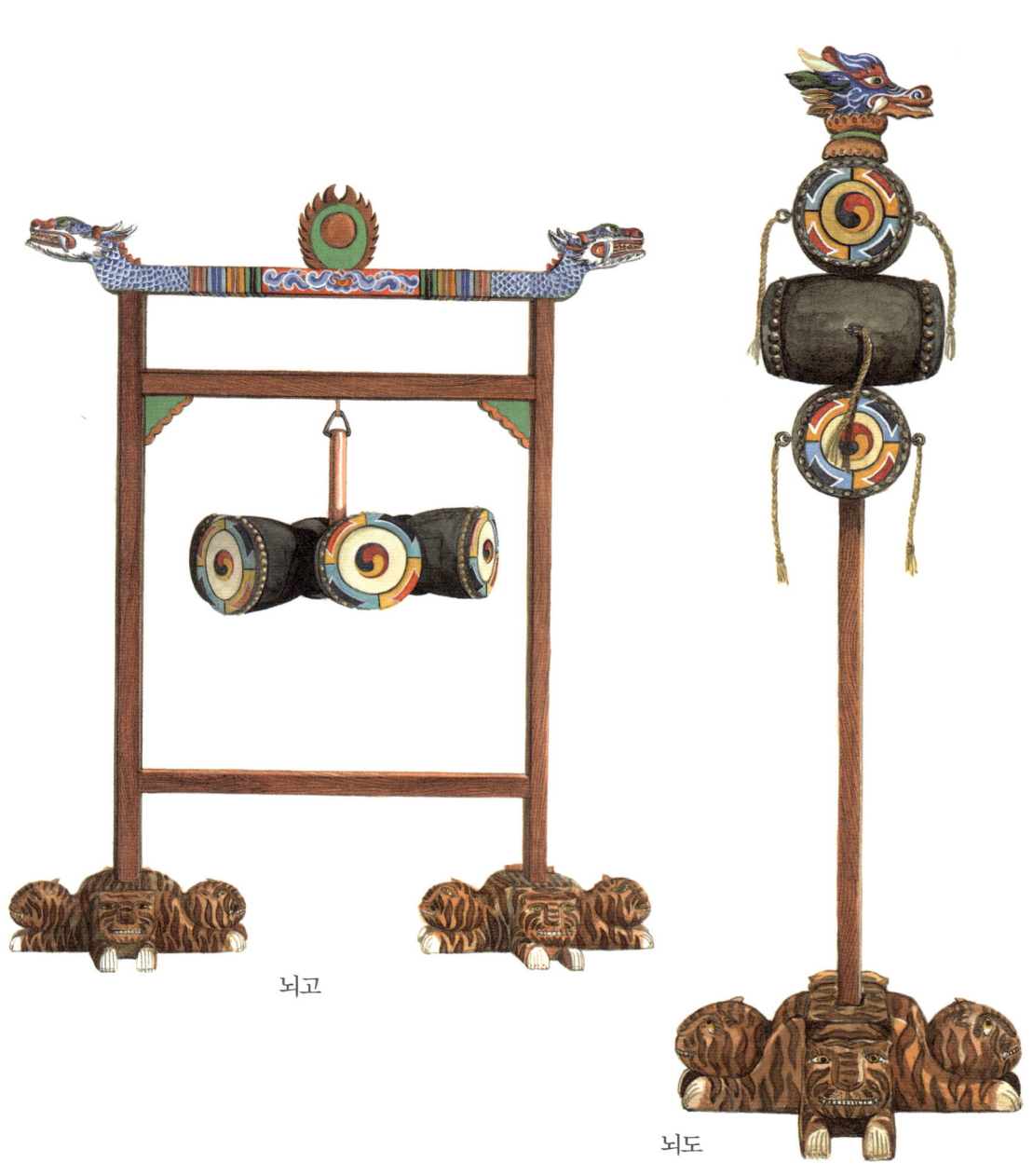

뇌고

뇌도

영고와 영도는 가죽을 두드려서 소리 내는 악기예요. '영'은 땅의 덕을 뜻하는데, 땅 신한테 제사 지낼 때 쓰는 북이라고 이런 이름이 붙었어요. 옛날 사람들은 땅과 소가 통한다고 여겼기 때문에 북면은 소가죽으로 메웠어요. 북통도 땅을 뜻하는 노란색으로 칠했지요. 땅 신을 맞아들이는 음악이 여덟 번 되풀이되는 것에 맞추어 영고와 영도 북면도 여덟 개예요. 조선 시대에 사직단에서 땅 신한테 제사를 지낼 때 이 북을 썼어요. 지금은 제사를 지내지 않아 악기만 전하고 있어요.

영고를 처음 만들 때에는 북면이 두 개인 북통을 세 개 매달았다고 해요. 북면이 모두 여섯 개였던 셈이지요. 그러다가 세종대왕 때 북통 네 개를 둥글게 돌려 매달아 북면을 여덟 개로 맞추었어요. 그 북을 성종 때 북면이 하나 있고 반대쪽은 마늘처럼 끝이 뾰족한 북으로 바꾸었어요. 모두 여덟 개를 둥글게 매달아 만든 그 영고가 지금까지 전하고 있지요. 북면은 모두 여덟 개지만 하나만 써요. 제사 때 댓돌 아래에 두고 음악을 시작할 때와 끝낼 때 두드렸어요.

영도는 노란색을 칠한 북통 네 개를 긴 나무 막대에 엇갈리게 꿰어 만들었어요. 도나 노도처럼 꼭대기에는 날개를 활짝 편 흰 새를 앉혔지요. 도나 노도, 뇌도처럼 북통 양쪽에 가죽끈을 달고 양쪽으로 비비듯이 흔들어 소리 내요. 영도는 음악을 시작하고 끝낼 때나 악절이 끝날 때 치는 영고와는 달리 음악을 시작할 때만 세 번 흔들어 소리 내지요.

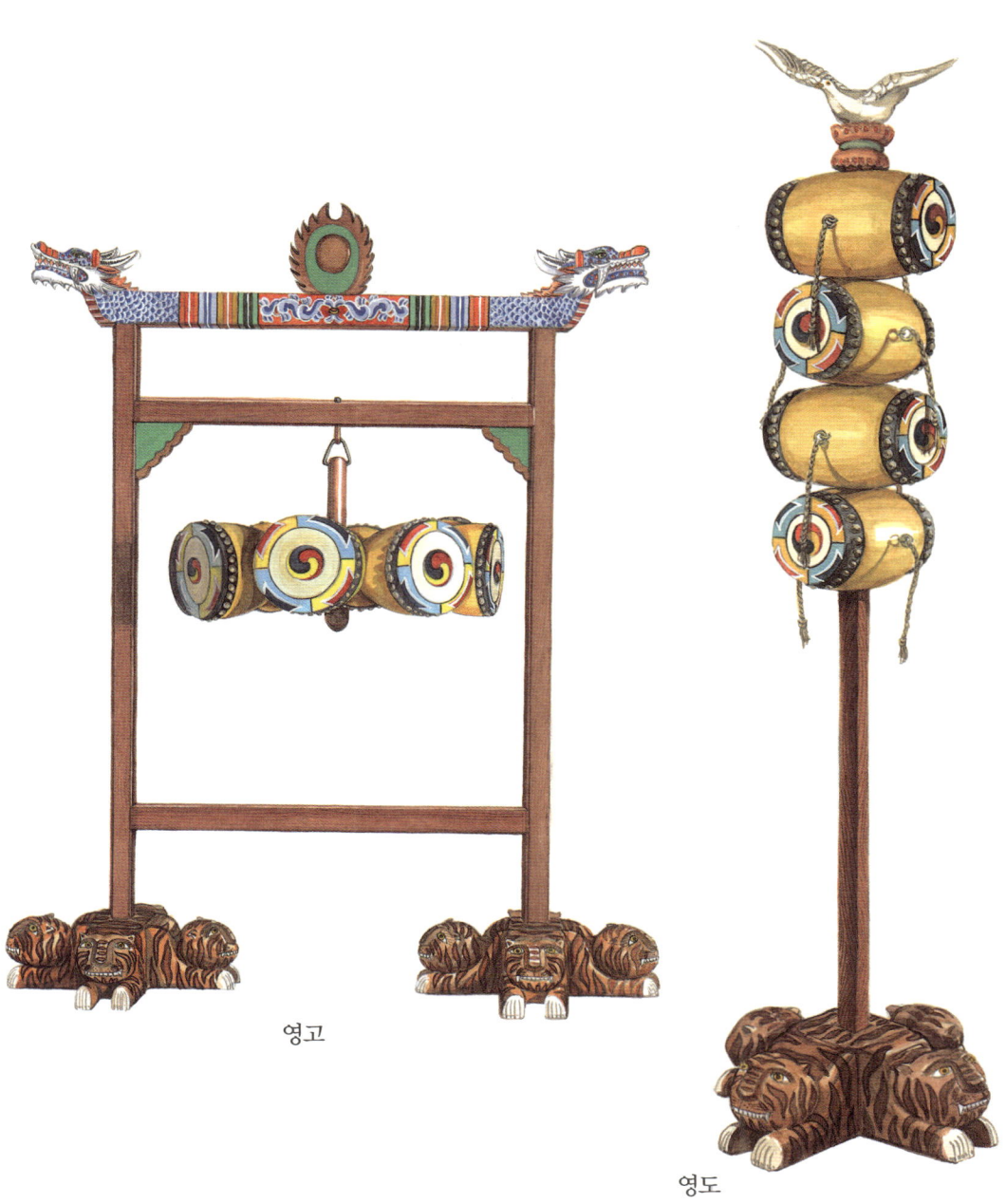

영고

영도

금과 슬

금과 슬은 소리가 사이좋게 잘 어울린다고 해서 언제나 함께 연주했던 악기예요. 부부가 서로 다정한 모습을 두고 '금슬이 좋다'고 하는 것도 여기서 나온 말이래요. 금과 슬이 어우러져 내는 소리는 몸을 고요하게 하고 마음은 열리게 하는 소리라고들 했어요.

금은 줄을 뜯어서 소리 내는 악기예요. 줄이 일곱 개라서 '칠현금'이라고도 하고 몸통에 흰 자개로 만든 '휘'를 박아 놓았다고 '휘금'이라고도 하지요.

금은 중국에서 오래전에 만든 악기예요. 중국 순나라에 본디 다섯 줄짜리 금이 있었는데, 주나라 문왕과 무왕이 두 줄을 덧붙여 일곱 줄로 바꾸었다고 전해요. 《삼국사기》에는 중국 진나라 사람이 칠현금을 고구려에 보냈다는 기록이 있어요. 이것을 바탕으로 우리나라에서는 일찍부터 금을 썼다고 짐작하고 있지요. 금은 슬과 함께 연례악이나 제례악을 연주할 때 썼어요. 제례악을 연주할 때만 쓰는 슬과 달리 금은 선비들도 연주하며 즐겼대요. 지금도 문묘제례악을 연주할 때 댓돌 위에서 금을 쓰고 있지요.

금은 몸통 앞쪽은 오동나무, 뒤쪽은 밤나무를 깎아 만들어요. 몸통에는 명주실을 꼬아 만든 줄 일곱 개를 얹고요. 첫째 줄이 가장 굵고 일곱째 줄로 갈수록 점점 가늘어져요. 가야금이나 거문고처럼 안족이나 괘는 없고 휘가 열세 개 있어요. 휘는 줄 짚는 자리를 일러 주는 흰색 점인데, 소라나 조개껍데기를 작고 둥글게 다듬어 금 몸통에 붙인 것이지요. 휘 열세 개 가운데 일곱 번째 휘가 가장 크고 양 끝으로 갈수록 크기가 점점 작아져요. 휘를 눈여겨보고 손가락으로 휘를 따라 줄을 짚어 나가면서 소리를 바꿔 내는 거예요. 소리는 울림이 없고 담백해요. 줄을 짚기만 하니까 울림은 적지만 잔잔하고 맑지요.

슬은 줄을 뜯어서 소리 내는 악기예요. 금과 함께 중국 고대 악기로 알려져 있어요. 은나라 때 쓰던 슬이 땅에 묻혀 있다가 나온 걸 보면 역사가 아주 오래된 악기라고 할 수 있지요. 우리나라에는 고려 시대에 송나라에서 궁중 음악과 함께 들여왔대요. 지금은 문묘제례악을 연주할 때 금과 함께 쓰고 있어요.

슬은 줄을 울려 소리 내는 악기 가운데 크기가 가장 커요. 몸통 앞쪽은 오동나무로 만들고 뒤쪽은 엄나무를 붙여 만들지요. 몸통에는 둥둥 떠가는 구름무늬와 날아가는 학 한 쌍을 그려 넣고 끄트머리에는 비단 무늬를 넣어 화려하게 꾸몄어요. 몸통 가장자리는 검은색을 칠해 깨끗하게 마무리했지요.

슬은 줄이 스물다섯 개 있어요. 열세 번째 줄은 다른 줄과 달리 붉은색인데 쓰지 않고 앞뒤로 있는 스물 네 줄로 연주를 해요. 붉은색 줄이 가운데에서 열두 줄씩 갈라 주고 있는 셈이지요. 첫째 줄이 가장 굵고 뒤로 갈수록 가늘어져요. 음높이도 따라서 점점 낮아지지요. 줄 밑에는 안족이 받치고 있어요.

◉◉◉

금이나 슬은 줄을 흔들어서 음을 꾸미지 않고 본디 소리로만 연주했는데, 옛날 선비들은 이렇게 깨끗하고 맑은 소리를 좋아했다고 한다. 또한 사람들은 '금' 은 삼간다는 뜻을 지녔으니 여러모로 선비다운 악기라고 여기고, '슬' 은 닫히게 한다는 뜻이 있으니 노여움을 멈추게 하고 욕심을 막는 악기라고 여겼다.

박

박은 부딪쳐서 소리 내는 악기예요. '박판'이라고도 해요. 옛날에 종이가 없던 때에는 대나무 조각에 글을 썼는데, 박 또한 그로부터 나온 악기라고 할 수 있지요. 삼국 시대부터 썼고 통일 신라 시대부터는 노래와 춤에 반주를 넣을 때 거문고, 가야금, 비파, 대금, 중금, 소금, 대고와 함께 썼다고 전해요. 고려 시대에 중국 송나라에서 음악을 들여올 때는 중국에서 만든 박이 들어오기도 했어요.

박은 제례악이나 연례악을 연주할 때 쓰는데, 음악을 시작하거나 끝낼 때 '착, 착, 착' 하고 쳐서 시작과 끝을 알려 주지요. 음악을 연주하는 동안 악절 사이에 박을 쳐서 분명하게 나누어 주기도 하고요. 춤출 때도 박 소리에 맞추어 춤사위나 자리를 바꾸었어요. 옛날에는 절에서 부처님 말씀을 전할 때 귀 기울여 잘 들어 보라는 뜻으로 먼저 박을 친 다음, 박에 적어 둔 말씀을 읽어 전해 주었다지요.

박은 단단한 널빤지 여러 개를 끈으로 꿰어서 만들어요. 뽕나무, 산유자나무, 대추나무와 같이 단단하고 빛깔 좋은 나무를 다듬어 큰 것은 아홉 조각, 작은 것은 여섯 조각을 꿰지요. 끈을 꿰는 쪽은 모나게 깎고 아래쪽은 둥그스름하게 깎아요. 다 깎은 나뭇조각은 위쪽에 구멍을 두 개씩 뚫고 사이사이 엽전을 대어 틈이 생기게 해요. 그래야 나무 조각이 부챗살처럼 잘 펴지고 접히거든요. 그 구멍에 가죽끈을 꿰어 묶어요. 한쪽 끝에는 오색실 매듭을 드리워 꾸미기도 하지요.

박을 연주하는 사람을 '집박'이라고 한다. 집박은 흔히 연주하는 사람들 가운데 우두머리가 맡는데, 붉은 옷을 입는 다른 악사들과는 달리 녹색 옷을 입는다. 앞쪽에 서서 연주의 시작과 끝을 알리고 음악을 연주하는 동안 서서 흐름을 지켜보는 것이 집박이 하는 일이다.

◎ **연주법**

　박을 연주할 때는 왼손은 박의 위쪽, 오른손은 아래쪽을 잡는다. 왼손은 그대로 두고 오른손으로 박을 펼쳤다가 빠르고 힘차게 접으며 부딪친다. 그러면 나뭇조각이 한꺼번에 부딪치면서 짧고 힘찬 소리가 난다. 음악이 시작할 때는 한 번, 끝날 때는 세 번씩 친다.

✱ 아박무

박에는 음악을 연주할 때 쓰는 것뿐만 아니라 춤출 때 쓰는 것도 있다. 상아로 만들어서 '아박'이라고 한다. 아박은 손에 들고 춤출 수 있도록 아주 작게 만든다. 궁궐에서 잔치가 열리면 아박을 들고 춤을 추었는데, 그 춤을 '아박무'라고 했다. 본디 두 명이 추는 춤이었는데, 조선 시대 말에는 여섯 명에서 스무 명까지 늘었다고 한다. 음악 순서에 따라 무릎이나 팔을 아박으로 치면서 춤을 추었다. 〈헌종무신진찬도병〉, 〈원행을묘정리의궤〉와 같은 옛 그림에서 아박무 추는 모습을 볼 수 있다.

아박무 반주 노래로는 〈동동〉이 많이 알려져 있다. 고려 시대부터 입에서 입으로 전해 내려오다가 나중에는 궁중에서도 부르게 되었다. 《악학궤범》과 《고려사》에 가사와 노래에 대한 이야기가 실려 있다.

127

방향

방향은 쇠를 두드려서 소리 내는 악기예요. '철방향' 이라고도 하는데 줄여서 '철향' 이라고도 부르지요. 중국 양나라 때 만든 악기인데, 우리나라 사람들은 고려 시대부터 썼어요. 돌로 만든 방향도 함께 들어왔는데, 우리나라에서는 쇠로 만든 방향을 더 많이 써 왔대요. 그래서 요즘에도 방향이라 하면 철방향을 가리키는 때가 많아요. 흔히 연례악과 제례악을 연주했고 지금도 종묘제례악을 연주하지요.

방향은 두께가 다른 쇠붙이 여러 개로 만드는데, 그 쇠붙이를 '철편' 이라고 해요. 우리말로는 '쇳조각' 이지요. 옛날 철편은 위쪽이 둥글고 아래쪽은 모가 난 꼴이었는데, 지금은 모서리마다 각이 진 긴네모꼴로 바뀌었어요. 철편을 한 줄에 여덟 개씩 엮은 다음 틀에 두 줄로 나란히 매달아요. 편종이나 편경도 여덟 조각씩 두 줄을 다는 것처럼 말이에요. 철편 크기는 모두 같지만 두께가 조금씩 달라요. 두꺼울수록 높은 소리가 나지요. 철편에는 음이름이 새겨져 있어요. 나무틀 밑에는 나무로 깎아 만든 호랑이 두 마리가 틀을 받치고 있지요.

◎ 연주법

방향은 서서 연주한다. 소뿔로 만든 망치인 '각퇴'를 들고 철편 가운데를 쳐서 소리 낸다. 맑고 높은 소리가 나는데 울림은 짧다.

부는 두드려서 소리 내는 악기예요. 생김새가 질화로와 닮아서 '질장구'라고도 하지요. 아주 오랜 옛날 중국에서 만들었다고 알려져 있어요. 요임금이 "평화로워서 마음이 즐거우면 땅바닥을 치고 노래한다."고 말했는데 그 말을 들은 사람들이 언제나 평화롭게 지내기를 바라는 마음으로 흙을 빚어 부를 만들었다고 하지요. 그래서 중국에서는 왕들끼리 만나면 반갑다는 뜻으로 부를 치기도 했대요.

우리나라에서는 세종 때부터 부를 쓰기 시작했는데, 열 개 또는 열두 개를 한자리에 놓고 연주했어요. 여러 가지 소리를 내려고 두께와 높이가 다른 것 여러 개를 모아 썼지요. 지금은 문묘제례악을 연주할 때 댓돌 아래에 하나만 놓고 두드려요.

부는 흙을 빚어 틀을 잡은 다음 불에 구워 만들어요. 흙 두께나 그릇 높이에 따라서도 소리의 높낮이가 달라요. 두께가 두꺼우면 높은 소리가 나고 얇으면 낮은 소리가 나요. 다 구운 부는 잘 식힌 다음, 겉에는 검은 칠을 하고 안에는 붉은 칠을 해요. 채는 대나무를 잘게 쪼개서 만들지요.

◎ **연주법**

나무 받침대 위에 부를 올려놓고 대나무 채로 위쪽 가장자리를 친다. 그러면 채와 부가 맞닿으면서 거칠고도 뚜렷한 소리가 난다. 그 뒤에는 아홉 갈래로 갈린 채들끼리 부딪히면서 '타르르르' 하고 떠는 소리가 남는다.

소

소는 입으로 바람을 불어 넣어서 소리 내는 악기예요. 봉황의 날개처럼 생겼다고 '봉소'라고도 하지요. 대롱 여러 개를 붙여서 소리 내는 것이 서양 악기 팬파이프와 닮았어요.

우리나라에서는 고구려 시대부터 소를 불었어요. 고구려 옛 무덤 벽화에도 소를 연주하는 모습이 그려져 있지요. 고려 시대에는 중국 송나라에서 소를 새로 들여와 당악을 연주할 때 썼어요. 지금은 문묘제례악을 연주할 때만 소를 쓰지요.

소는 대나무를 잘라 만든 가는 대롱 열여섯 개를 나무틀에 꽂아 만들어요. 대롱에 입김을 불어 넣을 수 있게 구멍을 뚫고 바람이 곧바로 새어 나가지 않도록 대롱 끝은 밀랍으로 메워요. 틀 위에는 봉황이 나는 모습이나 구름 사이를 날아가는 학, 나무 열매들을 그려 넣어요. 요즘에는 자개로 무늬를 박아 넣기도 해요. 옛날에는 대롱이 열두 개나 스물네 개인 것도 있었다고 하지요. 오늘날 쓰는 소는 대롱 열여섯 개가 모두 틀 속에 들어가 있지만 옛날에는 대롱 아랫부분이 틀 아래쪽으로 나오도록 만들기도 했대요.

◉ 연주법

두 손으로 소를 잡고 입김을 불어 넣으면 맑고도 조용한 소리가 난다. 대롱에서 입을 뗄 때는 소리 끝이 휘감겨 휘파람과 비슷한 소리가 난다.

약과 적

약과 적은 불어서 소리 내는 악기예요. 고려 시대에 들어와 궁중에서 제례악과 연례악을 연주할 때 썼어요. 지금도 문묘제례악을 연주할 때 댓돌 위아래에 약과 적을 두고 연주하고 있어요. 본디 약과 적은 음악을 연주하는 악기지만 춤출 때 도구로 쓰기도 해요. 종묘제례와 문묘제례를 지낼 때면 여러 사람이 줄지어 서서 악기 연주에 맞추어 춤을 추어요. 이때, 오른손에는 적, 왼손에는 약을 들고 여러 몸짓을 보여 주지요. 나라에서 지내는 제사에 약과 적은 여러모로 꼭 필요한 악기였어요.

약은 '갈약'이라고도 해요. 먼 옛날에는 갈대로 약을 만들었기 때문이에요. 중국 주나라 때 처음 만들었다는데, 다른 악기들은 음악을 연주하려고 들여왔지만 약은 춤출 때 쓰려고 들여왔어요.

오늘날에는 약을 굵은 황죽으로 만들어요. 위쪽 끄트머리에는 입김을 불어 넣는 취구를 반달꼴로 도려내지요. 몸통 앞쪽에 지공 세 개를 뚫고 뒤쪽에는 구멍을 내지 않아요. 지공 세 개를 열고 막으면서 열두 가지 소리를 내지요. 지공을 반만 열기도 하고 가운데 구멍을 연 채 건너막기를 하기도 해요. 음을 잡기가 어려운 악기라 제사 음악같이 느리고 꾸미는 음이 없는 음악을 많이 연주해요. 가만히 머무르는 듯하면서 천천히 긴 소리를 내지요. 울림이 적고 부드러운 소리와 거친 소리가 섞여서 나요. 춤출 때 쓰는 약은 악기로 쓰는 약에 비해 길이가 짧아요.

◎ **연주법**

　약은 앉아서 연주한다. 구멍 세 개를 조금씩 열거나 건너 막기를 하면서 열두 가지 소리를 낼 수 있다. 첫째 구멍은 왼손 둘째 손가락으로 막고, 둘째 구멍은 오른손 둘째 손가락, 셋째 구멍은 오른손 넷째 손가락으로 막는다.

적은 고려 시대에 중국 송나라에서 우리나라로 들어온 악기예요. 제례악이나 연례악을 연주할 때 썼어요. 제례악을 연주할 때 약과 적을 양손에 하나씩 들고 춤을 추기도 하지요.

적도 약처럼 황죽으로 만들어요. 단소랑 비슷하게 생겼는데 적이 좀 더 길고 굵어요. 앞쪽 끄트머리의 취구는 반달꼴로 파지요. 처음에는 지공이 네 개였는데 중국에서 음악을 공부하던 경방이라는 사람이 구멍 하나를 더해서 다섯 개로 고쳐 만들었대요. 그 뒤 송나라 때 여러 가지 소리를 내려고 구멍 한 개를 또 더했지요. 그래서 앞에 다섯 개, 뒤에 한 개로 지공이 모두 여섯 개인 적이 만들어져 지금까지 전해 내려오고 있는 거예요. 아래쪽 끝에는 작은 구멍이 두 개 있는데, 이 구멍은 음을 조절할 때 써요. 옛날에는 아래 끝마디에 '십자공'을 뚫기도 했대요. 춤출 때 쓰는 적은 위쪽에 꿩의 꽁지깃을 꽂은 색실을 늘어뜨리고, 용 머리 꼴 장식을 달아 꾸미지요.

◉◉◉

'십자공'은 대나무로 만든 관악기 가운데 밑바닥이 막혀 있는 악기에 십자꼴로 뚫은 작은 구멍 네 개를 말한다. 적과 지에 있는데, 막힌 밑바닥 가운데에 구멍을 뚫어서 음을 맞춘다. 오늘날에는 적에 십자공을 뚫는 대신 단소처럼 아예 바닥을 터서 만든다.

◉ **연주법**

　적은 세로로 잡고 분다. 입김을 세게 불어 높은 음을 내는 역취나 손가락으로 구멍을 반만 막아서 반음을 내는 반규법을 써서 열두 가지 음과 네 가지 반음을 낼 수 있다. 적 소리는 나지막하고 차분하지만 입김이 관을 울리면서 거칠고 굵은 소리가 조금씩 섞여 나오기도 한다.

일무

궁중에서 제사를 지낼 때는 음악 연주와 함께 사람들이 줄을 서서 춤을 춰요. 이 춤을 '일무'라고 하는데, 학문으로 쌓은 문덕을 기리는 춤인 '문무'와 무예와 무술로 쌓은 무공을 기리는 춤인 '무무'로 이루어지지요. 문무를 출 때는 오른손에는 꿩의 꽁지깃을 늘어뜨려 꾸민 적을 들고 왼손에는 약을 들지요. 약과 적은 평화와 질서를 뜻해요. 무무를 출 때는 때에 따라 칼, 창, 방패, 도끼를 들지요. 자신을 지키고 적한테 맞선다는 뜻이 담겨 있어요. 춤추는 사람들은 붉은색 옷을 입고 똑같이 움직여요. 팔을 머리 위로 올리거나 허리를 굽히면서 두 손을 엇갈리게 모아요. 문무를 출 때는 〈보태평〉을 연주하고 무무를 출 때는 〈정대업〉을 연주해요.

일무는 누구한테 제사를 지내는지에 따라 팔일무, 육일무, 사일무, 이일무로 나뉜다. 임금이나 공자한테 제사를 지낼 때는 64명이 여덟 줄로 서서 팔일무를 춘다. 제후 제사에서는 36명이 여섯 줄로 늘어선 육일무, 높은 벼슬을 지낸 관리 제사에는 16명이 네 줄로 늘어선 사일무, 선비 제사에는 4명이 두 줄로 늘어선 이일무를 춘다.

문무　　　　　　무무

어

어는 두드리거나 긁어서 소리 내는 악기예요. '갈'이라고도 하는데, 호랑이 등에 있는 톱니를 채로 긁을 때 나는 소리가 중국어 '갈' 자 소리와 비슷해서 붙은 이름이지요. 우리나라에는 고려 시대에 송나라에서 들어왔어요. 옛날에는 궁중에서 연례악이나 제례악을 연주할 때 두루 썼는데, 지금은 종묘제례악과 문묘제례악을 연주할 때만 쓰고 있지요.

어는 음악이 끝났음을 알리는 악기예요. 우리 조상들은 음악이 아무리 듣기 좋고 아름다워도 그치지 않고 연주하면 지나치다고 여겨 어를 써서 그치게 했대요. 호랑이 머리를 서쪽으로 두고 연주하는 것도 음악을 끝맺는 쓰임새와 맞닿아 있지요. 해가 지는 서쪽은 그침을 뜻하거든요. 그침은 죽음을 뜻하기도 해요. 그래서 음악을 멈추는 호랑이도 서쪽을 뜻하는 흰색으로 칠하는 거예요. 반대로 여러 갈래로 갈라 쓰는 대나무 채는 살아 있음을 뜻해요. 호랑이를 대나무 채로 두드리고 문지르는 것은 곧 '호랑이야, 살아나라.' 하고 생명을 불어 넣는다는 뜻이 담겨 있어요.

어는 나무를 호랑이가 엎드린 꼴로 깎아 만든 다음 네모난 받침대 위에 얹어 놓아요. 등줄기는 톱니 꼴인데 단단한 나무를 오돌토돌하게 깎아 박은 것이지요. '서어'라고 해서 모두 스물일곱 개가 목에서 꼬리까지 쪼르르 박혀 있어요. 대나무 끝을 아홉 조각으로 갈라 만든 채는 '견'이라고 불러요.

◎ **연주법**

대나무 채로 호랑이 목덜미를 세 번 치고 톱니 꼴 등줄기를 목부터 꼬리까지 한 번 드르륵 훑어 내리는 것을 세 번 되풀이한다. 음악을 시작할 때 축을 위에서 아래로 내리쳐서 열었던 땅과 하늘을 어를 써서 다시 닫는다는 뜻이 담겨 있다.

절고

절고는 가죽을 두드려서 소리 내는 악기예요. 악절이 시작될 때마다 한 번씩 치는 북이라고 이름이 '절고'지요. 중국에서는 아주 오래전부터 의식을 치를 때 절고를 두드렸다고 해요. 우리나라에서는 조선 시대부터 제례악을 연주할 때 썼지요. 악절마다 치는 것은 물론 음악을 시작할 때와 끝낼 때도 쳤어요. 지금도 종묘제례악과 문묘제례악을 연주할 때 절고를 꼭 쓰지요.

절고는 마치 작은 진고처럼 생겼어요. 북통은 붉은색으로 칠하는데 가운데가 볼록하게 살짝 나와 있지요. 옛날에는 상자처럼 생긴 북틀 위쪽에 둥그렇게 구멍을 내고 북을 비스듬히 박아 앉혔어요. 《악학궤범》에 그 모습이 그려져 있지요. 북이 기울어져 북면이 하늘을 보고 있는 꼴인데, 위에서 북면을 내려쳤대요. 지금은 북틀 위에 받침대를 만들어 그 위에 북통을 비스듬히 올려놓고 옆에서 쳐요.

절고는 앉아서 연주를 해요. 오른손에 방망이 꼴로 생긴 나무 북채를 들고 북면을 두드리는 거예요. 악절을 시작할 때마다 한 번씩 두드리면서 음악에 무게를 실어 주어요. 마치 거인이 한 발씩 쿵쿵 내딛는 것처럼 묵직하고 큰 소리로 울리지요.

◎ **연주법**

제례악을 시작할 때는 박을 한 번 치고 축을 세 번 친 다음 절고를 한 번 치는데 이것을 세 번 반복하고, 끝낼 때는 박을 한 번 친 다음 절고를 세 번 연달아 친다.

음악 중간에서는 종묘제례악은 진고와 함께 악절마다 첫 박에 한 번씩 치고, 문묘제례악에서는 한 소절의 끝 박에 두 번씩 친다.

지

지는 불어서 소리 내는 악기예요. 삼국 시대부터 불어 왔다고 하니 아주 오래전부터 우리 음악을 연주해 온 악기인 셈이지요. 고구려 때는 지를 '의취적'이라고 불렀는데, 가짜로 만든 부리를 꽂아 부는 피리라는 뜻이에요. 다른 피리와는 달리 대롱 위쪽에 의취라고 하는 입김을 불어 넣는 주둥이가 따로 있거든요. 조선 시대에는 지 소리가 구슬같이 맑다고 '옥지'라고도 불렀대요. 예로부터 연례악이나 제례악을 연주할 때 썼는데, 지금은 문묘제례악을 연주할 때만 쓰고 있어요.

옛날에는 지를 황죽으로만 만들었다지만 요즘은 검은 대나무인 오죽으로 만들기도 해요. 짧은 대나무 도막에 입술 대는 자리를 반달꼴로 깎아 만든 다음 대롱에 꽂으면 톡 튀어나온 꼴이 재미있게 생겼지요. 의취를 꽂은 구멍 틈은 입김이 새어 나가지 않도록 밀랍을 발라 메워요. 이렇게 의취를 꽂아 불면 비슷하게 생긴 다른 피리보다 한결 더 부드러운 소리가 나지요. 지공은 모두 다섯 개인데, 첫째 구멍은 대롱 옆쪽에 뚫고 나머지 네 개는 대롱 위쪽에 나란히 뚫어요. 아래쪽에는 십자공을 내는데, 이 구멍을 모두 막거나 반만 막으면서 모두 열여섯 가지 소리를 낼 수 있지요.

●●●

지는 대나무로 만든 악기이고, 훈은 흙을 구워 만든 악기이다. 만든 재료나 생김새는 다르지만 두 악기 소리는 썩 잘 어울려서 자주 함께 연주해 왔다. 둘이 어울려 아름다운 소리를 만들어내는 훈과 지처럼 정다운 형제 사이를 두고 사람들은 '훈지상화'라고 한다.

◎ **연주법**

　지는 가로로 들고 연주한다. 왼손으로 위쪽 구멍 세 개를 막고 아래쪽 구멍 세 개는 오른손으로 막는다. 위로 툭 튀어 나온 취구에 입술을 대고 입김을 불어 넣으면 소금보다 높으면서 맑고 부드러운 소리가 난다.

진고

진고는 가죽을 두드려서 소리 내는 악기예요. 오늘날 쓰고 있는 북 가운데 크기가 가장 커요. 고려 예종 때 중국 송나라에서 궁중 음악과 함께 들여와 연례악과 제례악을 연주했어요. 제례악을 연주할 때는 댓돌 아래에 놓고 쳤지요. 댓돌 위에는 생김새가 비슷하지만 크기가 훨씬 작은 절고를 두었어요.

지금도 종묘제례악과 문묘제례악을 연주할 때 댓돌 아래에 진고를 놓고 치지요. 진고를 힘차게 열 번 치면서 음악을 시작하고, 두 번째 잔을 올릴 때도 열 번을 쳐요. 마지막 잔을 올릴 때는 세 번을 치지요. 음악을 연주하는 동안에도 한 악절이 끝날 때마다 두 번씩 쳐서 마디를 분명하게 맺어 주어요.

북통은 나무로 만드는데 붉은색으로 칠하고 양쪽에는 쇠고리를 달지요. 북면은 가죽으로 메우는데, 가운데에 태극 무늬를 그려 넣고 가장자리에는 푸른색, 붉은색, 검은색, 녹색, 노란색을 칠해서 화려하게 꾸며요. 가운데가 불룩하게 생긴 북통은 움직이지 않게 북틀 위에 올려놓아요. 북채는 나무로 만드는데, 끝에 흰색 헝겊을 감고 붉은색 술을 달지요.

◎ **연주법**

두 손으로 북채를 잡고 서서 힘껏 북면 가운데를 두드린다. '둥, 둥' 하고 길게 울려 퍼지는 소리는 다른 악기 소리들을 받쳐 주면서 음악 마디마디를 맺어 주는 구실을 한다.

축

축은 두드려서 소리 내는 악기예요. '강'이라고도 하는데, 이 이름은 축을 칠 때 나는 나무 절구질 소리를 나타낸 것이지요. 축은 아주 먼 옛날 중국에서 만들었어요. 우리나라에는 고려 시대 송나라에서 궁중 음악과 함께 들여와 제례악이나 연례악을 연주할 때 썼지요. 지금은 종묘제례악과 문묘제례악을 연주할 때 댓돌 아래 위에 하나씩 놓고 두드려요.

축을 치는 것은 음악을 시작한다는 뜻이에요. 그래서 연주할 때 언제나 해가 뜨는 동쪽에 두었어요. 몸통도 동쪽을 뜻하는 푸른색으로 칠하고요. 축을 위에서 아래로 내려치는 것은 땅과 하늘을 열어 음악을 시작한다는 뜻을 담고 있대요.

축의 생김새를 보면 자연 속에서 농사지으며 살던 옛날 사람들이 만든 악기라는 것을 알 수 있어요. 나무 절구통처럼 생겼거든요. 몸통은 소나무로 위쪽이 아래쪽보다 넓게 만들어서 받침대 위에 올려놓아요. 네 면에는 푸른 산과 물을, 뚜껑에는 흘러가는 구름을 그렸어요. 귀퉁이에는 쇠를 덧대어 축이 벌어지는 것을 막았어요. 위쪽 가운데에는 구멍을 내고 나무 방망이를 세워 꽂지요.

◎ **연주법**

축은 서서 연주한다. 구멍에 꽂아 놓은 방망이를 오른손으로 잡고 절구질하듯 한 번 내려친 다음 왼쪽, 오른쪽으로 한 번씩 친다. 이렇게 세 번을 되풀이해 모두 아홉 번 소리를 내서 음악이 시작됨을 알린다.

특경

특경은 돌조각을 두드려서 소리 내는 악기예요. 옛날 중국에서 하늘 신, 사람 신, 땅 신한테 제사를 지낼 때 특경을 썼대요. 우리나라에는 고려 시대에 들어와 제례악과 연례악을 연주할 때 썼어요. 조선 시대 음악가 박연이 궁중에서 쓰는 음악을 정리하면서 특경 한 틀을 대궐 댓돌 위에 놓고 연주하도록 자리를 잡아 주었지요. 댓돌 아래에서 크게 연주할 때는 동쪽, 서쪽, 북쪽에 세 틀씩 모두 아홉 틀을 쓰기도 했어요. 그러다 나중에는 어디서든 한 틀씩만 놓고 쓰게 되었대요. 오늘날에는 문묘제례에서만 특경을 볼 수 있지요.

특경은 ㄱ자 꼴로 다듬은 돌 하나를 나무틀에 달아서 만들어요. 이 돌은 두드려서 소리를 내기 때문에 단단하고 무늬나 흠이 없는 것을 써야 하지요. 틀은 나무로 만드는데 생김새가 화려하고 아름다워요. 틀 아래쪽에는 나무를 깎아 만든 오리를 양쪽에 한 마리씩 두고, 틀 위 양쪽에는 봉황 머리를 깎아 붙여요. 봉황 머리 아래쪽에는 깃털과 구슬을 엮어 만든 알록달록한 줄을 길게 늘어뜨리지요. 꼭대기 가운데에는 공작 세 마리가 날개를 활짝 펴고 앉아 있어요.

◎ **연주법**

특경은 소뿔을 깎아 만든 망치인 각퇴로 돌 아래쪽을 쳐서 소리를 낸다. 돌이 두껍기는 하지만 맑고 상쾌한 소리가 길게 남는다. 제례악을 마무리할 때는 끝을 알리려고 절고를 세 번 치는데, 이때 절고 첫 소리와 끝 소리에 맞추어 특경을 한 번씩 친다.

특종

특종은 쇠 종을 두드려서 소리 내는 악기예요. 특종 또한 편경, 특경, 편종처럼 고려 시대에 제례악과 함께 들여왔어요. 조선 시대부터는 제례악뿐만 아니라 연례악도 연주했지요. 세종 때는 '가종'이라고 불렸는데, 댓돌 위에서 연주할 때는 한 틀만 놓고, 댓돌 아래에서 크게 연주할 때는 아홉 틀을 놓고 연주했대요. 아홉 틀을 쓸 때는 저마다 다른 소리를 내는 특종을 썼지요. 지금은 문묘제례에서만 특종을 연주하는데, 댓돌 위에 하나만 놓고 음악을 시작할 때 두드려요.

특종은 나무틀에 종 하나를 매달아서 만들어요. 종은 구리와 쇠를 녹여 만든 것인데 편종에 달린 종보다 두 배는 커요. 그리고 아래로 내려올수록 점점 지름이 넓어져서 기다란 세모꼴을 이루어요. 종을 걸어 놓는 틀은 나무를 깎아서 만드는데 '가자'라고 해요. 가자 아래쪽에는 호랑이 한 쌍이 엎드려 기둥을 받치고 있어요. 특종이 내는 웅장한 소리와 어울린다고 호랑이를 둔대요. 틀 위 오른쪽과 왼쪽에는 용 머리를 얹고 가운데에는 날개를 편 공작 세 마리를 나란히 올려요. 용 머리 아래로는 색실과 구슬을 꿴 줄을 길게 늘어뜨리지요.

◎ **연주법**

특종은 암소 뿔로 만든 망치로 종에 둥근 무늬가 있는 곳을 쳐서 소리를 낸다. 종이 두껍다 보니 소리가 무거우면서도 오래간다. 깊고 강한 느낌을 주어서 제례를 시작할 때 박에 이어 한 번만 친다.

편경

편경은 돌을 두드려서 소리 내는 악기예요. 중국 은나라 때 처음 만들었다는데, 우리나라에는 고려 시대에 들여와서 제례악과 연례악을 연주할 때 썼어요.

편경은 ㄱ자 꼴 돌조각 열여섯 개가 나무틀에 달린 꼴이에요. 돌조각은 석회암 가운데 녹색 무늬가 진한 옥돌을 깎아 만드는데, 세로 길이가 가로 길이보다 길어요. 옥돌을 쉽게 구할 수 없을 때에는 흙을 구워 만든 기와로 편경을 만들기도 했대요. 재료도 흔치 않고 만들기도 어려운 탓에 조상들은 편경을 아주 귀하게 여겼어요. 그래서 만드는 사람이 실수로 편경을 깨뜨리기라도 하면 벌로 곤장 백 대를 맞고 삼 년 동안 힘든 일을 해야 했지요. 다행히 조선 시대에 박연이 우리나라에서 질 좋은 돌을 찾은 덕에 중국에서 들여온 것보다 더 좋은 편경을 만들 수 있었다고 해요. 지금은 종묘제례악과 문묘제례악을 연주할 때 쓰고 있어요.

편경을 만들 때는 돌조각을 음높이 차례로 한 줄에 여덟 개씩 두 줄로 매달아요. 받침대에는 편경 소리가 새 날아가듯 멀리 퍼지기를 바라는 뜻으로 나무를 깎아 만든 오리 한 쌍을 두었지요. 틀 위 양쪽에는 봉황 머리를 두고 꿩의 꽁지깃으로 엮은 술을 늘어뜨려요. 가운데에는 공작 다섯 마리가 나란히 앉아 있지요.

우리 조상들은 편경에 달린 경 생김새를 하늘이 굽어 땅을 덮는 꼴로 보고 경을 곧 하늘로 여겼다고 해요. 소리가 맑고 깨끗해서 목숨을 다해 충성을 바치는 신하와 같은 악기라고도 했어요.

◎ **연주법**

편경은 서거나 앉아서 연주한다. 나무 막대에 소뿔을 박아 만든 각퇴로 경 위쪽을 쳐서 소리를 낸다. 소리는 맑고도 길게 울려 퍼진다. 경 열여섯 개는 크기는 모두 같지만 두께가 조금씩 달라 저마다 다른 소리를 낸다.

※ 세종 대왕과 편경

　많은 악기들은 온도나 습도에 따라 상태가 달라져서 연주할 때마다 음을 고른 다음 써야 한다. 하지만 편경은 날씨가 춥거나 덥거나 마르거나 축축하거나 변함없는 돌로 만들기 때문에 그럴 필요가 없다. 늘 같은 음높이를 지키는 편경은 궁중 악기들 음을 고를 때 기준이 된다. 조선 시대 악사들은 전쟁이 나면 편경을 가장 먼저 챙겨 우물 안에 숨겨 놓았다고 한다. 전쟁으로 악기들이 부서져도 편경이 남아 있으면 그 음을 바탕으로 다른 악기를 새로 만들 수 있기 때문이다.
　음악에 관심이 많았던 세종 대왕은 신하들을 시켜 편경을 새로 만들도록 했다. 다 만든 편경 소리를 듣던 왕은 이칙 음이 조금 높은 듯하다고 말했다. 장인들이 놀라서 살펴보니 이칙 음을 내는 경 조각에 마름질하면서 그었던 붓 자국이 남아 있었다. 그래서 그것을 갈아 냈더니 그제야 제소리가 났다고 한다. 세종 대왕은 음악가 못지않은 음감도 갖추었던 것이다.

편종

편종은 쇠를 두드려서 소리 내는 악기예요. 저마다 다른 소리를 내는 종 여러 개를 쳐서 연주해요. 편종은 중국 은나라 때 만들어졌는데, 우리나라에는 고려 시대에 편경과 함께 들여왔어요. 궁중에서 제사를 지내거나 잔치를 할 때면 편종과 편경이 빠지지 않았지요. 처음 한동안은 중국에서 편종을 들여와 썼지만, 조선 세종 때부터는 한양에 종 만드는 곳을 갖추고 새 편종을 만들어 썼대요. 지금도 종묘제례악이나 문묘제례악을 연주하는 데 쓰고 있어요.

편종에 달린 종은 한 줄에 여덟 개씩 모두 열여섯 개예요. 구리와 쇠를 녹인 다음 틀에 부어 만드는데, 몸통 아래쪽에는 음이름 첫 글자를 새겨 넣지요. 이 종들을 음높이에 맞추어 '가자'라고 부르는 나무틀에 걸어 써요. 윗줄은 왼쪽에서 오른쪽으로 갈수록 음이 높아지고, 아랫줄은 위와 반대로 오른쪽에서 왼쪽으로 갈수록 음이 높아져요. 종들은 크기나 겉모습은 똑같이 생겼고 두께만 달라요. 종 두께에 따라 음높이도 달라지거든요. 나무틀 아래쪽에는 사자 두 마리가 나란히 나무 기둥을 받치고 있어요. 나무틀 위쪽 양 끝에는 용 머리를 두고, 가운데에는 공작 다섯 마리를 나란히 앉혔어요.

◎ **연주법**

편종도 편경과 마찬가지로 서서도 치고 앉아서도 친다. 나무 막대에 소뿔을 박아 만든 각퇴로 종 아래쪽 가운데에 동그랗게 튀어나온 곳을 치면 무게 있는 소리가 길게 울린다.

훈

훈은 입으로 불어서 소리 내는 악기예요. '도훈'이라고도 하고 울림이 있는 공이란 뜻으로 '명구'라고도 해요. 아주 오래전 중국에서 만들어 썼는데, 저울추, 달걀, 공 들을 닮은 여러 가지 훈이 전하고 있지요. 그 가운데 둥글고 밑이 판판한 저울추 꼴 훈을 고려 시대에 들여와 지금까지 쓰고 있어요. 옛날에는 연례악이나 제례악을 연주할 때 훈을 썼대요. 지금은 문묘제례에서 조용하고도 깊은 소리를 내는 훈을 볼 수 있지요.

훈은 흙을 둥글게 빚어서 만들어요. 흔히 진흙이나 기와 만드는 흙을 쓰지요. 다 빚고 나면 약간 볼록한 위쪽에 취구 하나를 내요. 지공은 앞에 세 개, 뒤에 두 개를 뚫어요. 그리고 불에 굽는데, 굽기 전에 잿물을 발라 매끈하게 만들기도 해요. 어떤 진흙을 쓰고 두께나 속 넓이를 얼마나 잡는지, 얼마나 오래 굽는지에 따라 훈 소리가 달라져요.

《악학궤범》에서는 훈을 두고 물과 불이 어울려 소리 내는 악기라고 했어요. 훈 구멍이 여섯 개인 것은 물을 뜻하는 숫자 6과 통하고, 위쪽이 뾰족한 생김새는 불과 닮았다고 여겼기 때문이지요.

◎ **연주법**
　두 손으로 훈을 감싸듯이 쥐고 위에 있는 취구에 아랫입술을 댄다. 입김을 불어 넣으면서 손가락으로 지공 다섯 개를 막았다 열었다 하면 깊고 그윽한 열두 가지 소리가 난다. 땅속에서 울리는 듯한 소리가 낮고 부드럽게 마음을 품어 준다.

연례악

건고
삭고
응고
좌고

연례악

옛날에 궁중에서 의식이나 모임, 잔치가 있을 때 의식에 위엄을 더하거나 잔치에 흥을 실으려고 연주했던 음악을 '연례악'이라고 해요. 연례악은 북 가운데 가장 크고 화려한 건고를 비롯하여 응고, 삭고, 좌고, 장구, 편종, 편경, 특종, 특경, 방향 같은 타악기, 그리고 가야금, 거문고, 해금, 아쟁, 대금, 향피리, 소금 같은 현악기와 관악기로 연주해요. 이런 여러 가지 악기를 써서 음악 합주가 시작되면 그에 맞추어 가곡, 가사, 시조 같은 노래를 부르고 한쪽에서는 궁중 무용을 하지요. 지금은 옛날에 나라에서 치른 큰일을 자세하게 써 놓은 책인 의궤에서 그 모습을 확인할 수 있어요.

연례악에 쓰는 곡은 조선 시대 초기에 처음으로 정리했어요. 오랜 옛날부터 전해 내려온 우리 음악인 향악이 많고 중국에서 들어온 당악도 있지요. 모두 200가지에 이르는 곡이 내려오지만 그 가운데에서도 가장 많이 연주했던 것은 〈여민락〉, 〈수제천〉, 〈현악영산회상〉, 〈관악영산회상〉, 〈보허자〉, 〈낙양춘〉 들이에요.

연례악에 쓰는 곡

수제천

'수제천'은 사람의 수명이 하늘처럼 영원하기를 기원하는 뜻을 담고 있어요. 고려 시대에는 북춤의 반주 음악으로 썼지만 조선 시대에 이르러서는 궁중 행사에서 연주했지요. 오늘날에는 처용무를 출 때 반주를 넣거나 기악곡으로 쓰고 있어요. 흔히 대금, 소금, 향피리, 해금, 아쟁, 장구, 좌고, 박으로 연주하는데, 무용 반주를 할 때는 대금, 향피리, 해금, 장구, 좌고로 이루어진 삼현육각 편성을 해요.

여민락

'여민락'은 백성과 더불어 즐긴다는 뜻이에요. 조선 시대에 세종 대왕이 학자들이 지어 올린 〈용비어천가〉 125장을 5개 장으로 추려서 노래 부르려고 지은 곡이지요. 그때는 곡 반주에 맞추어 노래했지만 지금은 노랫말 없이 연주만 해요. 악기는 거문고, 가야금, 향피리, 대금, 해금, 장구, 좌고, 아쟁, 박 들을 써요.

건고·삭고·응고

건고, 삭고, 응고는 가죽을 두드려서 소리 내는 악기예요. 늘 함께 다니는 동무 북으로, 고려 시대부터 조선 시대까지 궁중에서 많이 썼어요. 흔히 연례악을 연주했는데, 임금과 신하들이 모여 나랏일을 의논하거나 잔치를 할 때 댓돌 아래에 놓고 두드렸지요. 건고를 가운데 두고 응고는 오른쪽, 삭고는 왼쪽에 두었어요. 먼저 삭고와 응고를 차례로 치고 건고를 세 번 '둥, 둥, 둥' 울려 시작을 알렸지요.

건고는 우리나라 북 가운데 가장 크고 아름다운 북이에요. 키가 어른 두 명 키를 합친 것보다 더 큰데, 서 있는 북이라는 뜻으로 '입고'라고도 해요.

북통은 나무 여러 쪽을 잇대어 둥근기둥 꼴로 만들어요. 북면은 소가죽으로 메우는데, 북이 크다 보니 큰 황소 두 마리한테서 나오는 가죽을 통째로 썼다고 해요. 북통은 옻칠을 한 천을 씌우고 그 위에 다시 붉은색 칠을 했어요. 모란꽃 무늬를 그려 넣어 더욱 화려하게 꾸민 것도 있었대요. 기둥에 북통을 가로로 꽂아 세우고 그 위에 네모난 상자 두 개를 쌓아 족두리를 쓴 것처럼 꾸미는데, 이것을 '방개'라고 하지요. 네 모서리에는 머리가 하늘로 뻗은 용을 만들어 붙이고, 용 입에는 구슬이 달린 알록달록한 술을 물려 늘어뜨려요. 맨 위에는 백로가 연꽃 위에서 춤추듯 날고 있고 맨 아래에는 호랑이 네 마리가 웅크린 채 북을 받치고 있지요.

삭고는 '삭비'라고도 해요. 엎드린 호랑이 등 위에 나무틀을 세우고 고리를 박아 긴 북을 매달아요. 틀 위는 낮을 뜻하는 흰색 해와 봉황으로 꾸몄지요. 북면은 양쪽에 있지만 한쪽만 두드려 소리를 내요. 응고와 함께 음악의 시작을 알렸어요.

응고는 '응비'라고도 해요. 삭고처럼 틀에 긴 북을 매달아 만들어요. 생김새가 삭고와 아주 비슷한데 크기는 조금 작아요. 틀 위에는 밤을 뜻하는 붉은색 달과 봉황을 얹었어요. 끝과 잘 어울리는 북이라고 여기지만 음악이 시작할 때만 치고 음악이 끝날 때는 치지 않았어요. 건고 오른쪽에 두었지요.

좌고

좌고는 가죽을 두드려서 소리 내는 악기예요. 앉아서 두드리는 북이라서 좌고라고 불렀어요. 언제부터 썼는지는 알려진 것이 없고 《고려사》〈악지〉나 《악학궤범》에도 나오지 않는 것으로 보아 조선 시대에 들어서서도 다른 북들보다 늦게 쓰기 시작했을 것으로 짐작하고 있지요.

좌고는 궁중에서 잔치가 열릴 때 여러 악기와 함께 연례악을 연주하거나 춤 반주를 넣는 데 썼어요. 북소리가 커서 작은 소리를 내는 악기와는 소리가 잘 어우러지지가 않아 줄풍류 같은 현악에는 쓰지 않고 흔히 관악 합주나 삼현육각으로 편성된 춤 반주에 썼지요. 김홍도가 그린 〈무동〉에 좌고가 나오는 것으로 보아 궁중뿐만 아니라 백성들이 잔치를 열고 놀 때도 좌고가 쓰였던 것을 알 수 있어요.

좌고도 다른 북처럼 북통 양쪽에 가죽을 메워 만들고 북통에는 용, 북면에는 태극 무늬를 그려 넣어요. 용고나 교방고와 생김새가 비슷하지만 바닥에 앉아서 연주할 수 있도록 북통에 고리 세 개를 단 다음 높이가 낮은 틀에 매달아요. 처음에는 헝겊으로 된 끈을 고리에 꿰어 장대에 매달아 놓고 치기도 했대요. 북채는 용고나 교방고를 두드리는 채보다 커요. 옛날에는 화려하게 꾸미기도 했지만 지금은 긴 막대 끝에 흰색 헝겊을 둥글게 말아 씌우고 붉은색 술을 달아요.

◎ 연주법

연주하는 사람 왼쪽 앞에 북틀에 매단 북을 놓는다. 오른손으로 북채를 잡고 북면 가운데를 힘 있게 두드리면 '덩, 덩' 하고 울림이 큰 소리가 난다.

삼현육각에 편성되어 연주할 때는 장구 장단을 따라 치면서 장구 소리를 받쳐 준다.

종교 음악

경쇠
목어
목탁
범종
법고
운판

종교 음악

종교 음악은 종교 의식을 치르거나 종교를 널리 알리려고 만들어 쓰는 음악이에요. 넓게는 음악을 연주하면서 부르는 노래나 추는 춤까지 통틀어 가리키지요.

멀고 먼 옛날 사람들은 하늘을 우러러 제사를 지낼 때 상을 차려 놓은 다음, 바라는 바를 말하거나 노래를 하고 여럿이 춤을 추기도 했대요. 많은 사람들이 그로부터 음악이 시작되었다고 보고 있는데, 종교 음악도 마찬가지예요. 오늘날 하고 있는 굿과 굿을 하면서 무당이 부르는 노래, 읊조리는 이야기인 사설, 악기 연주 같은 무속음악을 보면 옛 음악의 모습이 종교 음악에서나마 많이 남아 있음을 알 수 있지요. 무당이 노래하면서 굿을 하는 동안 악기 연주를 하는 재비들은 장구, 바라, 피리, 대금, 해금, 징, 꽹과리 들을 연주하면서 굿에 긴장과 감동을 더해 주어요.

절에서 재를 올릴 때도 우리 악기를 쓰고 있어요. 스님들이 부처님을 찬양하는 노래인 범패를 부르면 한쪽에서는 징, 꽹과리, 바라, 북, 태평소를 고루 섞어 음악을 연주하지요. 갈래나 차례에 따라 불전 사물이나 목탁, 죽비 소리를 곁들이기도 하고요. 그에 맞추어 바라춤이나 법고춤, 나비춤을 추어요.

불전 사물

불전 사물은 절에서 의식을 치를 때 쓰는 네 가지 물건인 법고, 운판, 목어, 범종을 아울러 가리키는 말이에요. 악기라기보다는 불교 의식에 쓰는 기구인 '법구'라고 할 수 있지요. 아침저녁으로 예불을 올릴 시간이 되면 법고부터 시작해 운판, 목어, 범종을 차례로 쳐요. 네 가지 도구가 내는 소리는 저마다 땅 위, 하늘, 물속에 사는 모든 생명고- 떠도는 넋을 구하고 깨달음을 준다고 해요.

경쇠

경쇠는 쇠를 두드려서 소리 내는 악기예요. 불교 의식을 치를 때나 굿할 때 쓰는 작은 종이지요. 어디서 어떻게 쓰이는지에 따라 크기나 생김새가 저마다 달라요. 절에서는 불교 의식이나 아침저녁으로 예불을 할 때 쳐요. 스님들은 경쇠 소리에 맞추어 절을 하거나 몸을 일으켜 세우지요. 굿을 할 때는 풍물 악기와 함께 반주를 넣는 데 쓰기도 해요. 요즈음 새롭게 만드는 국악에 경쇠 반주를 넣기도 한대요.

경쇠는 놋쇠로 만든 종 한가운데에 구멍을 뚫고 대나무 손잡이나 끈을 매달아 만들어요. 종은 작은 종지처럼 생겼지요. 채는 노루 뿔 따위로 만들어요.

흔히 왼손으로 종을 든 채 오른손에 채를 잡고 쳐요. 맑고 울림이 긴 소리가 나지요. 한 번씩 천천히 치기도 하고 연이어 빠르게 치기도 해요.

🌑🌑🌑

불교 의식에 쓰는 여러 가지 종은 흔히 채나 막대로 두드려서 소리를 내도록 만들었다. 하지만 요령은 쇠로 만든 종 안쪽에 작은 쇠 방울을 매달아서 종 위에 달려 있는 손잡이를 잡고 흔들기만 하면 딸랑딸랑 소리가 난다. 요즈음에는 경쇠 대신 요령을 쓰기도 한다.

목어

목어는 나무를 두드려서 소리 내는 악기예요. 나무를 물고기 꼴로 깎아 만든 것인데, '어고' 또는 '어판' 이라고도 해요. 절에서 불경을 외거나 의식을 치를 때 두드리지요. 목어를 두드리는 것에는 언제나 눈을 뜨고 있는 물고기처럼 항상 부처님의 가르침을 되새기라는 뜻이 담겨 있어요.

목어는 나무를 깎아 물고기 꼴을 만든 다음 속을 파내서 만들어요. 나무 막대로 물고기 배 쪽을 쳐서 소리를 내지요. 처음에는 단순한 물고기 꼴이었다가 차츰 머리는 용이고 몸은 물고기인 모습으로 바뀌었어요. 입에는 여의주를 물고 있는데, 물고기가 부처님처럼 깨달음을 얻어 보살이 되었다는 뜻이래요.

전해 내려오는 이야기 가운데 목어에 대한 것이 있어요. 옛날에 한 승려가 스승의 가르침을 어기고 옳지 못한 행동을 하다가 죽었대요. 그 승려는 물고기가 되어 다시 태어났는데, 등에 나무 한 그루가 솟아 있었어요. 바람이 불고 파도가 칠 때마다 나무가 흔들려서 물고기는 피를 흘리며 괴로워했어요. 그러던 어느 날, 스승이 배를 타고 강을 건너다가 괴로워하면서 지난 잘못을 뉘우치고 있는 물고기를 보고 고통에서 풀어 주었지요. 그 물고기가 눈물을 흘리며 스승한테 청하기를, 자기 등에 있는 나무로 자기와 닮은 물고기를 만들어 달라고 했어요. 그리고 그 나무 물고기를 써서 사람들한테 자기 이야기와 부처님의 가르침을 전해 달라고 부탁했지요. 스승은 제자의 간절한 마음을 받아들여 목어를 만들어 썼다고 해요.

☾☾☾

세월이 지나면서 목어는 단순하게 둥근 꼴로 바뀌었는데, 그것이 바로 목탁이다. 목탁 손잡이는 물고기 꼬리, 양옆에 뚫린 구멍 두 개는 물고기 눈, 가로로 길게 파인 홈은 물고기 입을 뜻한다. 목탁을 두드리는 것은 곧 목어를 두드리는 것과 같다고 해서 목어 대신에 목탁을 쓰기도 한다.

목탁

목탁은 나무를 두드려서 소리 내는 악기예요. 절에 가면 스님들이 '똑, 똑, 똑' 하고 목탁 두드리는 것을 볼 수 있어요. 부처님 말씀을 담은 책을 읽거나 부처님 이름을 외면서 두드리지요. 밥때가 되거나 같이 나눌 일이 생기면 목탁을 두드려 사람들한테 알리기도 해요. 옛날 중국 노나라 때도 새로운 법이 생기거나 나랏일을 알릴 때 목탁을 울려 사람들을 한데 모이게 했대요. 그런 쓰임새를 바탕으로 해서 사람들한테 중요한 사실을 알려 주고 일깨우는 일이나 사람을 두고 '사회의 목탁' 이라 말하곤 하지요.

목탁은 나무를 큰 방울 꼴로 깎아 만들어요. 속을 파내고 고리 꼴 손잡이를 달아요. 대추나무로 만드는 것이 가장 좋은데, 박달나무나 은행나무를 쓰기도 하지요. 목탁은 목어를 단순하게 둥근 꼴로 바꾸어 만든 것이라고 해요. 목탁 생김새를 잘 보면 물고기 꼴이 남아 있어요. 손잡이는 물고기 꼬리, 양옆에 뚫린 구멍 두 개는 물고기 눈, 가로로 길게 파인 홈은 물고기 입이지요.

목탁에는 큰 목탁과 작은 목탁 두 가지가 있어요. 큰 목탁은 매달아 놓거나, 방석 위에 올려놓고 치면서 사람들을 불러 모으거나 밥때를 알리는 데 쓰지요. 작은 목탁은 손에 들고 치는 것으로 흔히 법당에서 기도할 때 써요. 큰 목탁에는 손잡이 대신 물고기 비늘과 머리를 새기기도 하고, 목어처럼 머리는 용이고 몸은 물고기인 용두어신 꼴을 새겨 넣기도 해요.

목탁 소리는 맑고 울림이 깨끗해요. 크기에 따라서 소리도 저마다 다른데, 크기가 클수록 무거우면서 낮은 소리가 나고, 작을수록 맑고 높은 소리가 나지요.

범종

범종은 쇠를 두드려서 소리 내는 악기예요. 종 가운데서도 절에서 쓰는 커다란 종을 말하지요. 청동으로 만들어서 '동종'이라고도 해요. 우리나라 범종은 생김새가 아름다우면서도 소리가 맑고 울림이 길어요.

우리 조상들은 종소리를 듣고 부처님 말씀을 잘 새기면 괴로움을 떨치고 잘살 수 있다고 여겼어요. 그래서 범종을 치면서도 '이 종소리를 듣는 모든 사람들이 걱정과 근심에서 벗어나 평화롭게 살게 해 주세요.' 하고 빌었지요. 범종은 모두가 더불어 잘살고자 했던 우리 조상들의 믿음과 바람이 깃들어 있는 보물인 셈이에요.

범종은 쇠를 녹여서 만드는데, 구리와 주석을 많이 썼어요. 용, 꽃, 선녀, 보살, 번개 들을 뜻을 담아 새겨 넣어요. 종을 칠 때 막대가 닿는 자리인 '당좌'는 둥근 꼴로 살짝 도드라지게 표시해 두지요. 언제 만든 종인지에 따라 생김새와 꾸밈새도 저마다 달라요.

종을 치는 막대를 '당목'이라고 하는데 옛날에는 나무를 고래 모습으로 깎거나 고래 뼈로 만들었대요. 용은 고래를 무서워한다는 이야기가 있어서 고래로 종을 두드려야만 종에 그려진 용이 더 큰 소리를 낼 것이라고 생각했기 때문이래요. 요즘에는 큰 통나무 막대로 범종을 쳐요. 줄로 매달아 놓은 커다란 당목을 앞뒤로 몇 번 움직이다가 치고, 울리던 종소리가 잦아들기를 기다렸다가 다시 치지요. 크고 맑은 종소리는 물결이 둥글게 퍼져 나가듯 은은하게 울려요.

🌑🌒🌓

우리나라에서 가장 오래된 범종은 상원사에 있는 '상원사 동종'이다. 725년 신라 성덕왕 때 만든 것으로 국보 제36호이다. 봉덕사의 '성덕 대왕 신종'은 국보 제29호로 우리나라에 남아 있는 범종 가운데 가장 크고 아름답다. 아기 울음소리가 난다는 전설이 내려와 '에밀레종'이라고도 부른다. 지금은 국립경주박물관에 있다.

법고

 법고는 가죽을 두드려서 소리 내는 악기예요. 절에서 쓰는 불전 사물 가운데 하나로 '법을 전하는 북'이라는 뜻이지요. 크다는 뜻이 담긴 '홍' 자를 써서 '홍고'라고도 해요. 그야말로 큰북이란 뜻이에요. 생김새는 악기로 쓰는 북들과 다를 바 없지만 절에서 의식을 치를 때 법에 따라 엄격히 쓴다고 해서 귀하게 다루었어요.

 아침저녁으로 부처님께 기도드릴 시간을 알리기도 하고, 크고 작은 일을 사람들에게 알리려고 치기도 해요. 불교음악을 연주할 때 악기로 쓰기도 하고요.

 법고는 나무로 만든 몸통 양쪽에 암소와 수소 가죽을 하나씩 메워서 만들어요. 음과 양이 어울려 내는 소리로 중생을 구한다는 뜻이 담겨 있어요. 통에는 구불구불한 용을 그려 넣어 화려하게 꾸미기도 해요. 북통 길이가 북면 지름보다 길어요. 아주 큰 것은 북면 지름이 어른 키보다 커서 2미터 가까이 되기도 하지요. 반대로 북면이 소고처럼 자그마한 법고도 있어요.

 다른 북처럼 긴 북채로 북면을 두드려서 소리를 내요. 힘껏 '탕, 탕' 부딪쳐 소리를 내기도 하고 말들이 떼 지어 달려오는 것처럼 재빠르게 '둥, 둥, 둥, 둥' 치기도 해요. 가끔씩 채로 모서리에 박힌 못을 돌려 가며 훑어 '따다다닥' 소리를 내기도 하지요. 북통이 길다 보니 어디를 두드리는가에 따라 소리도 조금씩 달라요.

 불전 사물 가운데서는 가장 먼저 쳐서 가까이 있는 땅 위 짐승들한테 깨달음을 주어요. 북소리가 널리 펴져 나가는 것처럼 부처님 가르침을 널리 퍼뜨린다는 뜻을 담고 있대요.

운판

운판은 쇠를 두드려서 소리 내는 악기예요. 구름을 닮았다고 구름 '운' 자를 써서 이름이 운판이지요. 우리말로 '구름판'이라고도 하고, 크기가 커서 '대판'이라고도 해요. 오래전부터 써 왔는데 언제부터 썼는지는 전하지 않아요. 옛날에는 절에서 부엌이나 식당에 매달아 놓고 밥때를 알리려고 쳤지만 지금은 아침저녁으로 범종, 법고, 목어와 함께 예불을 드릴 때 써요. 운판은 하늘에 있는 영혼과 짐승들을 위로하려고 친대요. 외로이 하늘을 떠도는 영혼과 짐승들이 보다 더 좋은 세상으로 가기를 빌어 주는 거예요.

운판은 청동 판이나 쇠판을 써서 넓고 큼지막하게 만들어요. 판 위에 보살님 모습이나 참된 말씀을 새겨 놓기도 해요. 특히 '옴마니밧메훔'이라는 말을 많이 새기는데, 죽은 영혼한테 이제 고생하지 말고 좋은 세상으로 가라고 외는 말이에요. 가장자리에는 구름이나 달을 곱게 새겨 넣기도 하고, 하늘로 올라가는 용을 새겨 넣기도 했어요. 위쪽에는 구멍이 두 개 뚫려 있어서 끈을 꿰어 나무틀에 매달 수 있어요. 운판을 치는 막대기는 나무로 만들었는데, 끝이 볼록하니 둥근 것도 있고 ㄱ자 꼴로 구부러진 것도 있지요. 나무 채 하나로 두드리기도 하고 두 개를 양손에 쥐고 번갈아 두드리기도 해요. 그러면 맑고 깨끗한 소리가 은은하게 울려 퍼져 나가요. 나무 채 두 개로 박자를 다르게 하면서 번갈아 두드리면 종 두 개가 연이어 울리는 것처럼 들리기도 해요. 정해진 크기나 생김새가 없어서 소리도 저마다 조금씩 다르게 나요.

옛날에는 운판을 밥이나 죽을 뜸 들일 때 세 번 친다고 해서 '화판'이라고도 하고, 밥 먹을 때 길게 친다고 해서 '장판'이라고도 했다. 불을 쓰는 부엌에서는 비를 몰고 다니는 구름이 가까이 있으면 불이 나는 걸 막을 수 있다고 여겨 운판을 달아 두었다고 한다.

그 밖의 옛 악기

공후
  와공후
  수공후
  소공후
대쟁
비파
  향비파
  당비파
생황
월금

오늘날에는 연주법이 전하지 않거나 남아 있는 악기가 드물어 연주하는 모습을 보기 어려운 국악기라도, 옛날이야기나 문학 작품 속에서는 그 이름을 종종 만날 수 있어요. 박물관에서나 옛 그림, 조각, 역사극을 통해서 악기 모습을 볼 수도 있지요. 하지만 많은 사람들은 악기 이름은 알아도 어떻게 생긴 것인지는 모르기도 하고, 생김새는 눈에 익은 악기지만 이름을 모르기도 해요. 여기서는 앞서 나온 여러 국악 갈래 편성에서 빠진 악기 가운데 한 번쯤은 보거나 들은 적이 있어 그 이름이나 생김새가 낯설지 않을 악기 몇 가지를 살펴보도록 해요.

공후

공후는 손가락으로 줄을 뜯거나 튕겨서 소리 내는 악기예요. 생김새가 서양 악기인 하프와 비슷하지요. 옛날부터 우리나라, 중국, 일본에서 두루 썼다고 하는데, 왜 공후라는 이름이 붙었는지, 어떻게 생겨나고 전해졌는지는 잘 알려지지 않았어요. 중국 책 《수서》에 따르면 고구려와 백제에서 공후를 탔다고 해요. 고대 이집트와 그리스에서 페르시아와 인도로 전해지고 다시 중국을 거쳐 우리나라에 들어온 것으로 보고 있지요. 인도에서 유럽으로 들어간 공후가 하프로 바뀌었다는 이야기도 있고요.

공후는 생김새에 따라 세 가지로 나누어요. 누운 모습의 와공후, 반듯하게 선 모습의 수공후, 그리고 약간 길면서 굽은 모습인 소공후와 대공후가 있지요.

와공후

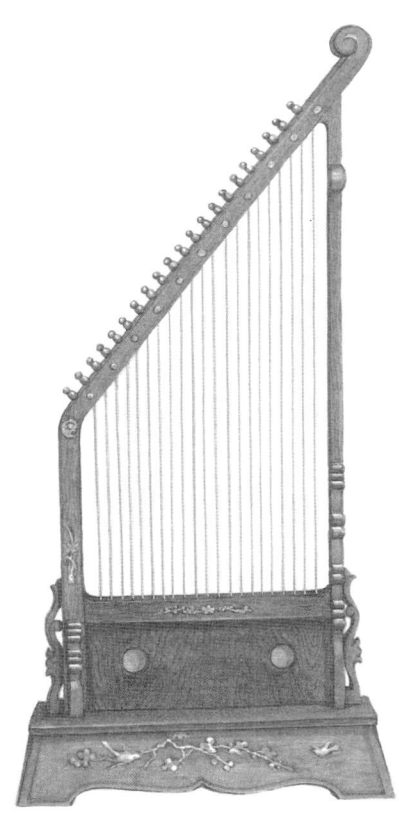 

수공후　　　　　　　　　　　　소공후

와공후는 기둥이 둥근 꼴로 굽었어요. 그 모습이 꼭 누워 있는 것 같다고 '눕다'라는 뜻을 가진 '와' 자를 붙여 '와공후'라고 하지요. '누운공후'라고도 하고요. 굽어 있는 기둥 생김새가 마치 머리를 숙인 봉황의 모습과 닮았다고 '봉수공후'라고도 한대요. 울림통은 자단나무나 느티나무를 깎아 배처럼 만들고 활처럼 휜 기둥을 세워 줄 열세 개를 비스듬히 매어요. 줄은 소나 양 같은 짐승의 힘줄로 만들었대요. 고구려 시대에 쓰였다지만 안타깝게도 연주법은 전하지 않고 있지요.

수공후는 길게 우뚝 서 있는 모습이에요. '곧다' 라는 뜻을 가진 '수' 자를 넣어 '수공후' 라고 해요. 나무 막대를 세워 사다리꼴 틀을 만드는데, 양쪽 높이가 달라서 한쪽이 비스듬히 올라가 있어요. 쇠로 만든 가느다란 줄 스물한 개를 팽팽하게 매어 만든 다음, 바닥에 세워 놓고 가슴에 안은 채 연주해요. 양손으로 줄을 튕기면 하프처럼 곱고 울림이 큰 소리가 났대요.

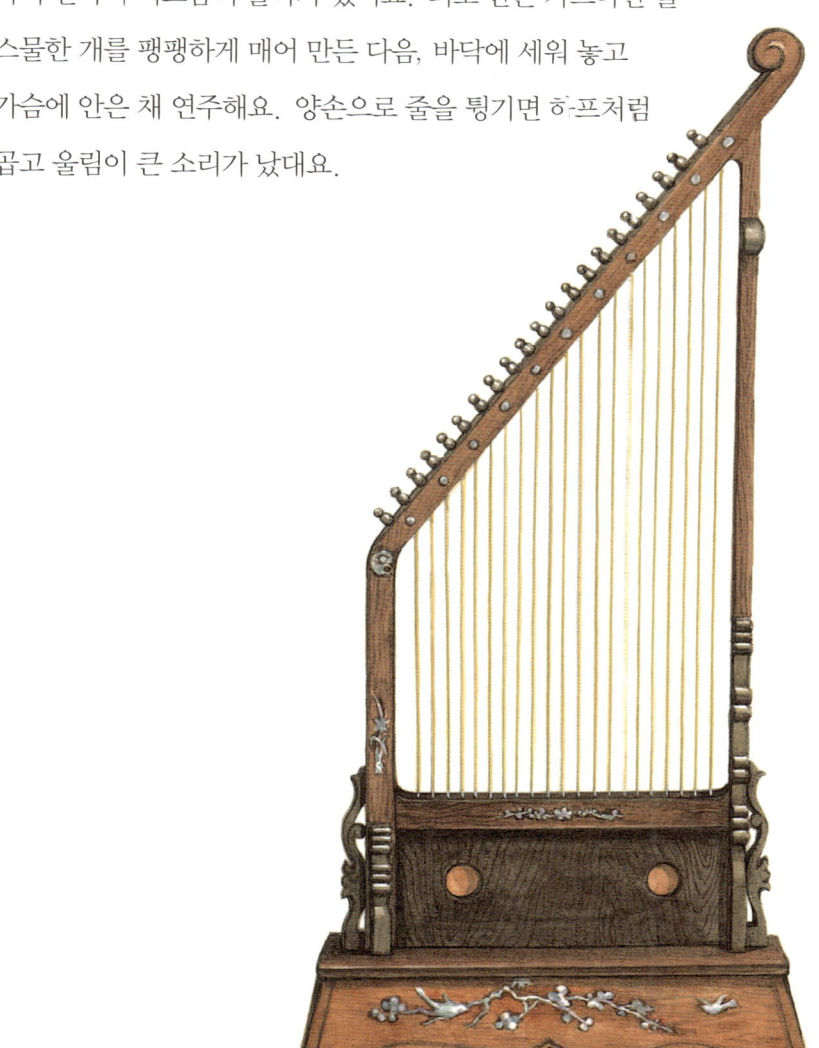

소공후와 **대공후**는 생김새가 똑같은데 크기와 줄 개수가 달라요. 소공후는 줄이 열세 개, 대공후는 스물세 개 있지요. 울림통이 따로 없고 활처럼 안으로 휜 몸통이 울림통 역할을 해요. 가는 쇠줄을 매어 줄로 써요. 줄 아래쪽에 있는 조율 막대를 조여서 음을 고를 수 있어요. 몸통 아래쪽에 있는 막대를 허리에 받치고 연주해요.

공후 가운데 크기가 가장 작은 소공후는 고조선 시대의 노래 〈공무도하가〉에 얽힌 이야기에도 나와요. 이로 미루어 공후는 이미 고조선 시대부터 쓰였음을 알 수 있지요.

공무도하가

　아주 먼 옛날, 곽리자고라는 뱃사공이 있었어요. 하루는 곽리자고가 새벽에 일어나 강가에 가 보니 흰 머리를 풀어 헤친 한 사내가 술병을 끼고 비틀거리며 강으로 들어가는 거예요. 그 사내의 아내가 뒤쫓아 가며 말렸지만, 아내가 강에 다다르기도 전에 사내는 물에 빠져 죽고 말았어요. 사내의 아내는 강을 바라보며 목 놓아 울다가 갖고 있던 공후를 타면서 노래를 불렀어요. 그 소리는 아주 구슬펐지요. 사내는 아내의 노래를 다 부르고 나서 강물에 몸을 던져 목숨을 끊었어요.
　곽리자고는 집에 돌아가서 아내 여옥한테 이 이야기를 들려주었어요. 사내의 아내가 부른 노래도 들려주었지요. 이야기를 들은 여옥은 슬퍼하며 공후를 안고 연주했어요. 마디마디 구슬픈 그 노래를 듣고 눈물을 흘리지 않는 사람이 없었어요. 여옥은 이웃에 사는 아낙네 여용에게도 이 노래를 가르쳐 주었어요. 그 뒤에 많은 사람들이 이 노래를 부르면서 점점 세상에 알려지게 되었대요. 이 노래 〈공무도하가〉는 고조선 때 만들어진 뒤 우리나라에서 가장 오래된 노래로 전하고 있어요.

　　　公無渡河 (공무도하)　　임이여 물을 건너지 마오.
　　　公竟渡河 (공경도하)　　임은 기어이 물을 건너고 말았네
　　　墮河而死 (타하이사)　　물에 빠져 돌아가시니
　　　當奈公何 (당내공하)　　임이여 이를 어이할고.

대쟁

대쟁은 줄을 뜯어서 소리 내는 악기예요. 슬과 생김새가 비슷하지만 더 작고, 가야금에 견주면 크지요. 고구려에도 '탄쟁', '추쟁'이라고 하는 비슷한 악기가 있었고, 백제나 가야에도 '쟁'이라는 악기가 있었어요. 고려 시대에 이르러 비로소 줄 열다섯 개를 갖춘 '대쟁'이란 악기가 중국에서 들어왔다고 해요.

대쟁은 몸통 앞쪽은 오동나무, 뒤쪽은 밤나무로 만들어요. 명주실을 꼬아 만든 줄 열다섯 개를 몸통에 매어 얹는데, 첫째 줄이 가장 굵고 끝으로 갈수록 점점 가늘어져요. 줄 밑에는 가야금에 있는 안족과 비슷한 나무 기둥인 '주'를 괴어요. 줄을 매는 몸통 끝은 아래로 약간 구부러져 있는데, 몸통이 바닥에 바로 닿지 않도록 양쪽에 발을 달았어요. 뒤판 네 모서리에는 검고 단단한 오목 나뭇조각을 붙였지요.

연주법은 가야금과 비슷해요. 오른손으로 줄을 퉁기거나 뜯고 왼손으로는 주 왼쪽에 있는 줄을 누르거나 흔들면서 음을 바꾸어요. 가야금보다 몸통 크기가 큰 만큼 음높이는 더 낮아요. 무겁고 그윽한 소리를 내다가도 곧 높고 밝은 소리를 낼 수 있어요. 무릎 위에 올려놓고 타는 가야금이나 거문고와 달리 대쟁은 바닥에 놓고 연주하지요.

◉◉◉

대쟁은 흔히 당악을 연주하는 데 썼다. 하지만 조선 시대 이후 당악 연주가 줄면서부터는 대쟁도 점점 쓰지 않게 되었다. 오늘날에는 악기만 전할 뿐 대쟁을 연주하는 일이 드물다.

비파

비파는 줄을 타서 소리 내는 악기예요. 옛날 만주 지방에 살던 여진족이 말을 탄 채로 연주하던 악기라고 전하지요. 비파를 연주할 때 줄을 밖으로 내어 타는 것을 '비'라고 하고 안으로 들여 타는 것을 '파'라고 하는데, 비파라는 이름이 여기에서 나온 것이라고 해요.

우리 겨레는 비파를 즐겨 탔어요. 신라 때도 가야금, 거문고와 함께 '삼현(三絃)'이라 불렸고 《삼국사기》나 《고려사》에도 빠지지 않고 비파가 나오지요. 《삼국유사》에는 비파가 얼마나 흔하게 쓰였던 악기인지 알 수 있는 이야기가 나와요. 신라 때 차득공이라는 사람이 있었대요. 형인 문무왕의 명을 받고 궁궐 밖 사람들을 살피고 다녔는데, 사람들이 알아채지 못하도록 신분을 감추어야 했지요. 그래서 눈에 띄지 않는 차림을 하려고 승복을 입고 비파를 들었대요. 여기에서 스님들도 늘 비파를 지니고 다닐 만큼 많은 사람들이 비파를 곁에 두고 즐겼다는 것을 알 수 있지요.

오래된 불교 조각이나 그림에도 비파를 연주하는 모습이 자주 나오고, 지금도 절에 가면 사천문 안에 비파를 들고 서 있는 사천왕 상을 볼 수 있어요. 이런 것을 볼 때 비파는 불교와도 맞닿아 있음을 짐작할 수 있어요.

먼 옛날에는 비파를 줄 수에 따라 4현 비파와 5현 비파로 나누었대요. 하지만 조선 시대에 들어서부터는 향비파와 당비파로 나누었어요.

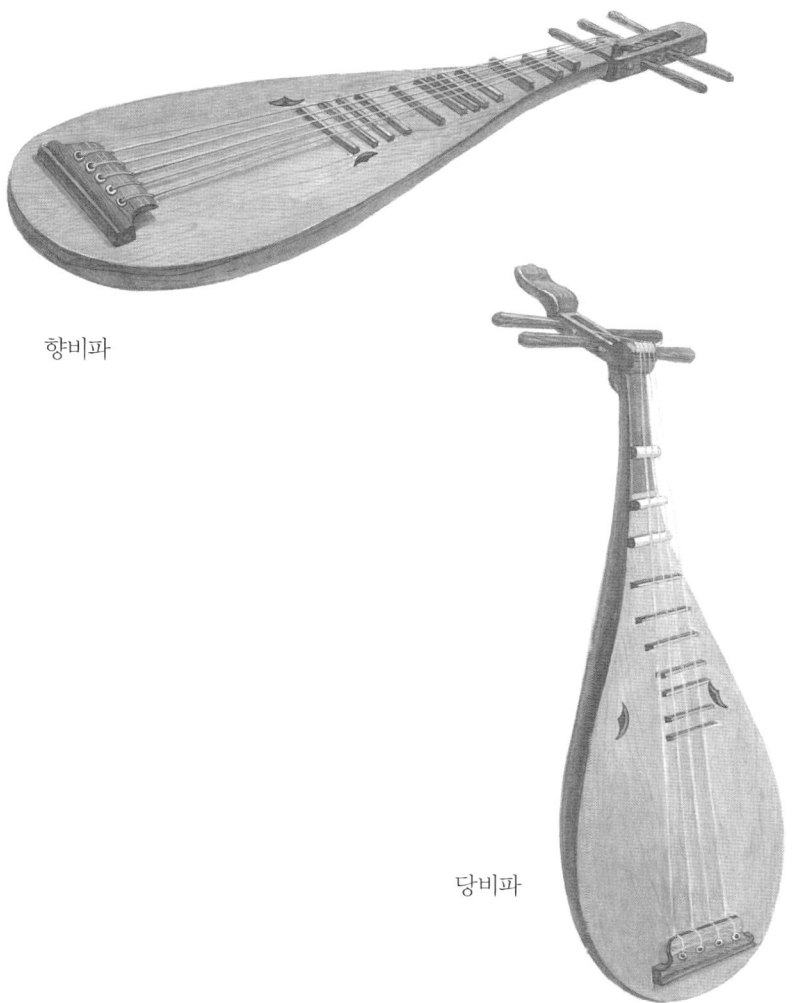

향비파는 고구려 때 중앙아시아에서 들어왔다고 해요. 그때만 해도 그저 '비파'라고만 불렀는데, 뒤에 당비파가 들어오자 두 가지를 구별하려고 '향비파'라고 고쳐 부르기 시작했어요.

향비파는 빗방울처럼 통통하면서도 길쭉한데, 서양 악기인 기타랑 비슷하게 생겼어요. 앞쪽 울림 판은 오동나무로 만들고 뒤쪽 울림 판은 밤나무로 만들어요. 목은 곧게 쭉 뻗었고 목 끝 쪽에는 줄감개가 있지요. 명주실을 꼬아 만든 줄 다섯 개를 팽팽하게 걸어 얹는데, 첫째 줄이 가장 굵고 뒤로 갈수록 점점 가늘어져요. 줄을 받치는 괘는 나란히 열두 개가 있어요.

줄을 뜯거나 튕겨서 소리를 내요. 거문고처럼 술대로 연주하기도 했는데, 조선 시대부터는 손가락으로 탔다고 하지요. 한 줄씩 뜯기도 하고 여러 줄을 같이 뜯기도 하는데 기타처럼 맑고도 상쾌한 소리가 나요.

우리나라 음악인 향악을 연주할 때 향비파는 빠지지 않는 단골 악기였어요. 삼국 시대부터 즐겨 썼고 조선 시대까지도 궁궐 사람들이나 백성들이 향비파를 타며 흥겹게 노래하고 놀았다는데, 이제는 잘 쓰지 않으니 안타까운 일이지요. 그래서 요즈음 향비파를 되살리려고 줄 수를 늘리고 소리도 다듬어서 다시 연주하고 있어요.

당비파는 중국 당나라에서 들어온 악기지만 우리 겨레와 오랫동안 함께해 왔기 때문에 우리 악기나 다름없어요. 궁중에서 잔치가 열리면 대금, 피리, 거문고, 가야금 같은 우리 악기와 함께 연주했지요. 고려 시대까지는 흔히 당악 연주에 썼지만 조선 시대부터는 향악도 많이 연주했어요.

우리 조상들은 당비파를 좋아했어요. 향비파만 쓰다가 당비파가 새로 들어오자 악보도 따로 만들었다고 하지요. 즐겨 부르던 우리 가곡을 당비파 악보에 남기기도 했어요. 세종 대왕도 당비파를 우리 악기나 다름없이 아꼈고, 조선 성종 때에는 음악을 배우려는 사람은 반드시 당비파부터 배우도록 했대요. 궁중 악사를 뽑을 때 당비파를 잘 탈 수 있는지 시험을 꼭 보았기 때문이에요.

당비파는 ㄱ자 꼴로 목이 굽었어요. 앞쪽 울림 판은 들쭉나무같이 부드럽고 결이 곧은 나무로 만들어요. 뒤쪽 울림 판은 자단나무가 가장 좋다고 하는데 박달나무, 느티나무, 뽕나무와 같이 단단하고 빛깔 좋은 나무도 썼어요. 명주실을 꼬아 만든 줄 네 개를 몸통에 얹는데, 첫째 줄이 가장 굵고 뒤로 갈수록 점점 가늘어져요. 줄을 죄는 줄감개는 굽은 목 양쪽에 두 개씩 나누어 꽂고 몸통 뒤에는 악기를 멜 수 있게 끈을 달기도 해요.

당비파는 음악 갈래에 따라 연주법이 조금씩 달라요. 당악을 연주할 때는 '발목'이라고 하는 나무 조각을 쥐고 타고, 향악을 연주할 때는 집게손가락과 가운뎃손가락, 넷째 손가락에 뿔로 만든 골무를 끼고 타요. 왼손으로는 목 부분을 감싸 쥐고 집게손가락부터 새끼손가락까지 네 손가락으로 정해진 자리를 짚어서 음을 잡지요.

생황

생황은 불어서 소리 내는 악기예요. 박으로 만든 악기로 전하지요. 옛날에는 박으로 몸통을 만든 다음 대나무 관을 꽂아 불었거든요. 박이 잘 깨지다 보니 요즘에는 나무를 깎아 울림통을 만들어요. 몸통에 꽂힌 대나무 관들은 봄볕을 받아 삐죽빼죽 돋아나는 새싹들처럼 생겼어요. 생황을 불면 하모니카 소리같이 맑은 소리가 나요. 우리 악기 가운데 오로지 생황만이 여러 가지 음이 어울린 화려한 소리를 낼 수 있어요.

우리 조상들은 삼국 시대부터 생황을 불면서 즐겼어요. 《삼국유사》에 실린 "담 너머 길 따라 생황 소리가 그치지 않았다."라는 말을 보아도 짐작할 수 있지요. 조선 시대에는 선비들이 사랑방에서 생황을 많이 불었다고 해요. 다른 악기와 함께 연주하기도 하고 가곡 반주를 넣기도 했어요.

몸통에 꽂은 대나무 개수에 따라 생황 이름을 나누어 부르기도 했어요. 대나무 관이 열세 개인 것은 '화', 열일곱 개인 것은 '생', 서른여섯 개인 것은 '우'라고 했지요. 그 가운데 조선 시대에 많이 썼던 '생'이 지금까지 생황으로 전하고 있어요.

취구는 몸통 옆에 있는데 구리나 나무로 만들어요. 대나무 관 아래쪽에 있는 지공을 막았다 열었다 하면서 열두 가지 소리 하고도 네 가지 반음을 더 낼 수 있었어요. 높고 낮은 소리가 한 번에 어울리면 곱고도 시원한 소리가 나요.

ⓐⓑⓒ

대나무 관 아래쪽을 비스듬히 자른 다음 구멍에 백통과 놋쇠를 녹여 만든 얇은 쇠를 붙이는데 그것을 '쇠청'이라고 한다. 쇠청을 붙여 불면 생황 소리가 더 좋아진다고 한다. 입김에 녹이 슬지 않도록 잘 말려 가며 쓴다.

월금

월금은 줄을 울려서 소리 내는 악기예요. 울림통이 보름달처럼 동그랗게 생겼다고 달 '월' 자를 썼지요. 옛 이름은 '완함'인데, 중국 진나라 때의 그림에 완함이라는 사람이 월금과 비슷한 악기를 타고 있어서 그렇게 불렀다고 해요. '진비파', '진한자' 라는 다른 이름도 있지요.

중국에서 들여왔지만 줄곧 우리 고유 음악인 향악을 연주하며 우리 곁에 머물러 온 악기에요. 홀로 연주하기도 하고 춤 반주 악기로도 썼다고 전해요. 고구려 옛 무덤 벽화와 백제 향로에도 월금이 나오지요. 그러나 지금은 잘 타지 않고 전하는 악보도 없어서 그 소리를 알 수가 없어요. 다만 비파랑 비슷한 생김새로 보아 연주법과 소리 또한 비파와 비슷할 것으로 여길 뿐이에요.

고구려 때는 거문고나 퉁소만큼 즐겨 타는 악기였고, 조선 시대부터 19세기 말에 이르기까지는 궁중 음악을 연주했다고 해요. 하지만 통일 신라 시대와 고려 시대에는 어떤 그림이나 책에서도 월금을 찾아볼 수 없지요. 학자들은 아마도 그때는 월금보다 비파를 많이 썼기 때문이라 짐작하고 있어요.

월금은 기타처럼 긴 목 위에 줄이 있어 줄을 짚어 가면서 음을 바꾸어요. 명주실을 꼬아 만든 줄은 네 개인데, 괘 열세 개가 받치고 있지요. 목 끝에는 줄들을 팽팽하게 감아 주는 줄감개가 있고 뒤쪽에는 어깨에 멜 수 있는 끈이 달려 있어요.

◐◐◐

《악학궤범》에는 중국의 완함이라는 사람이 월금을 만들었기 때문에 완함이라는 이름을 썼다고 되어 있다. 실제로 우리나라에 들어와서도 고려 시대까지는 흔히 중국 이름인 완함으로 불리다가 조선 시대에 궁중에서 많이 쓰기 시작하면서 월금으로 불렀다고 한다.

 국악 길잡이
　　　율명과 음계
　　　장단
　　　시김새
　　　형식
　　　악보
　　　국악기 분류
　　　《악학궤범》 펼쳐 보기
　　　《악학궤범》 속 우리 악기

국악 용어 표준안
찾아보기
참고한 책

율명과 음계

율명

음악에서는 수많은 음 가운데 일정한 높이를 가진 음을 골라 음마다 이름을 붙여 쓴다. 국악에서는 이렇게 만든 음을 '율'이라고 하고, 음이름은 '율명'이라고 한다. '삼분 손익법'으로 열두 가지 음인 십이율을 얻어 내는데, 십이율의 율명은 다음과 같다.

황종(黃鍾), 대려(大呂), 태주(太簇), 협종(夾鍾), 고선(姑洗), 중려(仲呂), 유빈(蕤賓), 임종(林鍾), 이칙(夷則), 남려(南呂), 무역(無射), 응종(應鍾)

율명을 악보에 적거나 읽을 때에는 '황, 대, 태, 협, 고, 중, 유, 임, 이, 남, 무, 응'처럼 앞 글자 한 자만 따서 쓴다.

제 음보다 한 옥타브 높은 음은 '청성'이라고 하는데, 율명 앞에 氵을 붙인다. 두 옥타브 높은 음은 '중청성'이라고 하고, 氵氵을 붙인다. 반대로 한 옥타브 낮은 음인 '배성'에는 亻을 붙이고, 두 옥타브 낮은 음인 '하배성'에는 亻亻을 붙인다.

삼분 손익법(三分損益法)

삼분 손익법은 음높이를 정하는 방법이다. 중국에서 오래전부터 써 오던 방법인데, 율관을 3등분한 다음 그 율관에서 1/3을 빼거나 1/3을 더하는 일을 한 번씩 되풀이해서 십이율을 만든다. 중국, 일본 그리고 우리 나라가 삼분 손익법에 따라 음을 만드는데, 기준으로 삼는 율관이 저마다 달라서 율명은 같지만 음높이는 조금씩 다르다.

음계

음계란 어떤 악곡에 쓰이는 음들을 음높이 순서대로 모은 것을 가리킨다. 한 옥타브 안에서 다섯 음을 쓰면 5음 음계, 일곱 음을 쓰면 7음 음계로 부른다.

향악을 비롯한 우리 고유 음악은 5음 음계를 많이 쓴다. 종묘제례악은 크게 〈보태평〉과 〈정대업〉으로 이루어져 있는데, 〈보태평〉 연주에 쓰는 음계는 '황-태-중-임-남(솔-라-도-레-미)'이고, 〈정대업〉 연주에 쓰는 음계는 '황-협-중-임-무(라-도-레-미-솔)'이다.

〈보태평〉 음계

〈정대업〉 음계

민요에 쓰는 5음 음계는 우리 음악에서 많이 쓰는 세 가지 음에 지방마다 한두 가지 음을 덧붙여 만든 것으로 모두 다섯 가지가 있다.

경기도와 충청도 민요는 '솔-라-도-레-미' 음계와 '라-도-레-미-솔' 음계, '도-레-미-솔-라' 음계를 흔히 쓰고, 전라도, 경상도, 강원도, 함경도 민요는 '미-솔-라-도-레' 음계를 쓴다. 황해도, 평안도 민요는 '라-도-레-미-솔' 음계와 '레-미-솔-라-도' 음계를 쓴다. 제주도 민요는 '레-미-솔-라-도' 음계를 많이 쓴다.

중국에서 들여온 제례악인 문묘제례악은 중국 양식을 따른다. '황-태-고-유-임-남-응' (도-레-미-파-솔-라-시) 7음 음계로 이루어져 있다. 으뜸음인 황종의 음높이는 서양 음악의 C음과 같다.

장단

장단이란 음이 흐르면서 이루는 모습, 즉 리듬 꼴을 가리킨다. 박자, 빠르기, 강약에 따라 여러 가지 모습을 띤다. 우리나라 음악은 흔히 장구나 북으로 장단을 맞춘다. 궁중 음악이나 풍류음악 같은 정악에서는 기본 장단을 충실히 지키지만 산조나 판소리 같은 민속악은 북이나 장구를 치는 고수 마음에 따라 잔가락을 넣거나 덜면서 장단을 조금씩 바꾸기도 한다. 흔히 쓰는 국악 장단은 다섯 갈래로 나눌 수 있다.

진양조장단 – 중모리장단 – 중중모리장단 – 자진모리장단 – 휘모리장단
(느리게) ←――――――――――→ (빠르게)

가장 느린 진양조장단은 1분에 40~60박을 친다. 판소리에서 자연의 모습을 그려 내거나 인물 행동을 하나하나 설명할 때 쓴다. 중모리장단과 중중모리장단은 1분에 80~90박을 치는 것은 같지만 중모리장단이 열두 박을 한 장단으로 쳐서 호흡이 긴데 비해 중중모리장단은 네 박이 한 장단이라 짧고 산뜻하다. 자진모리장단은 1분에 100~110박, 가장 빠른 휘모리장단은 1분에 110~140박을 친다. 판소리에서 매우 급한 상황을 나타낼 때 휘모리장단을 친다.

진양조장단 - 전라도 사투리로 '길다'를 뜻하는 '질다'에서 온 이름이다. 가장 느린 장단으로 1분에 40~60박을 친다. 여섯 박이 한 장단이다.

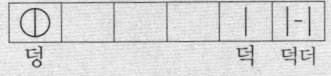

중모리장단 - 보통 빠르기로 몰아간다는 뜻이다. 1분에 80~90박을 치고 열두 박이 한 장단이다.

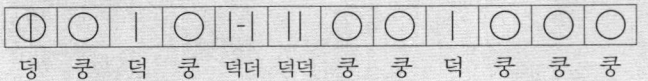

중중모리장단 - 중모리처럼 1분에 80~90박을 치지만 네 박이 한 장단이라 보다 가볍고 산뜻하다.

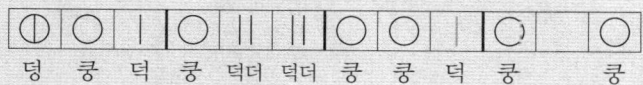

자진모리장단 - 자주, 잘게 몰아간다는 뜻이다. 1분에 100~110박을 치고 네 박이 한 장단이다.

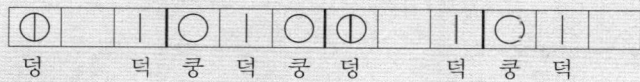

휘모리장단 - 휘몰아치듯이 빠른 장단으로 단모리장단이라고도 한다. 1분에 110~140박까지 치고 네 박이 한 장단이다.

덩 덕더 쿵덕 쿵

이 밖에도 민요에 장단을 넣을 때는 굿거리장단과 세마치장단을 많이 쓴다.

굿거리장단 - 경기 지방 무속음악과 민요, 민속무용 반주에 많이 쓰는 장단으로 1분에 60~72박을 친다. 네 박이 한 장단이다.

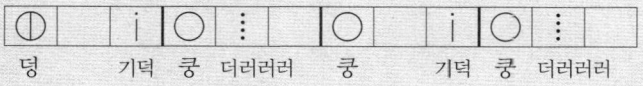

세마치장단 - 민요에 많이 쓰는 장단으로 세 박이 한 장단이다.

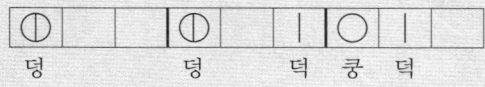

이 밖에도 엇모리장단, 엇중모리장단, 긴염불장단, 살풀이장단 들을 써서 음악을 연주한다.

시김새

시김새는 국악에서 음을 꾸며 주는 꾸밈음을 말한다. 서양 음악에서는 높이가 서로 다른 음을 함께 내는 화음을 넣어 음악을 꾸미지만, 우리는 화음 대신 여러 가지 방법으로 음을 꾸미는 시김새를 써서 음악을 꾸민다. 가락을 이루고 있는 음 앞이나 뒤에서 음을 떨고, 뻗고, 꺾고, 흘리고, 밀면서 음악 흐름을 더욱 다채롭게 만드는 것이다. 또한 시김새는 악기 연주나 노래를 하는 사람의 개성을 나타내고 우리 음악의 맛을 살려 준다. 틀이 정해져 있는 정악보다는 판소리나 산조 같은 민속악에서 시김새를 더 자유롭게 쓴다.

농현과 농음

현악기를 연주할 때 꾸밈음을 내는 것을 '농현'이라고 한다. 가야금이나 거문고를 연주할 때 오른손으로 줄을 튕기면 왼손으로는 줄을 짚고 흔들거나 눌러서 음을 꾸미는 것이다. 대금이나 단소 같은 관악기를 연주할 때 내는 꾸밈음은 '농음'이라고 하는데, 숨의 세기를 달리하거나 악기를 잡고 흔들어서 음을 꾸민다.

시김새 종류와 기호

떠는 소리 - 음을 떨어서 내는 소리이다.
꺾는 소리 - 높은 음에서 낮은 음으로 꺾어 내리는 소리이다.
미는 소리 - 낮은 음에서 높은 음으로 밀어 올려 내는 소리이다.
뻗는 소리 - 꾸밈없이 곧게 뻗어 내는 소리이다.

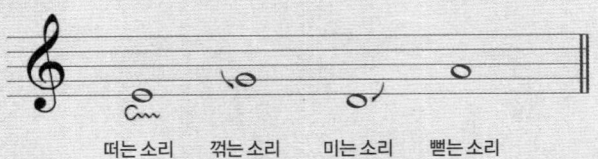

떠는소리   꺾는소리   미는소리   뻗는소리

형식

악곡의 짜임이나 틀을 '형식'이라고 한다. 가락이 모여 만든 작은 도막들이 모여 큰 도막이 되고, 큰 도막이 모여 더 큰 도막을 이룬다. 이러한 도막의 짜임새가 곧 음악의 형식이다.

메기고 받는 형식 (A+B, A+B', A+B")

짜임새가 묻고 대답하는 것 같다고 해서 '문답 형식'이라고도 한다. 똑같은 가락을 되풀이하는 후렴(A)과 가락을 바꿔서 부르는 절(B)로 이루어진다. 민요 가운데 일할 때 부르는 일노래에서 많이 보인다. 〈강강술래〉, 〈진도아리랑〉, 〈보리타작소리〉, 〈널리리야〉 들이 이 형식을 띠는 곡이다.

시조 형식 (A+B+C)

가락의 짜임이 서로 다른 3개의 도막으로 이루어진 형식이다. 이 형식을 가장 잘 따르는 음악 갈래로는 시조가 있다. 시조는 초장, 중장, 종장이 숙여 내고, 평으로 내고, 질러 내는 세 단계 짜임으로 이루어진다. 여기서 소리를 '숙여 낸다'는 것은 마디가 바뀔 때 낮은 음으로 소리 내는 것이고, '평으로 낸다'는 것은 낮지도 않고 높지도 않은 중간음을 내는 것이며, '질러 낸다'는 것은 높은 음을 내는 것을 말하는 것이다. 〈노랫가락〉, 〈육자배기〉 들이 이 형식을 갖추고 있다.

내고 달고 맺고 푸는 형식 (A+B+C+D)

가락의 마디가 '기(起)-경(景)-결(結)-해(解)', 즉 내고, 달고, 맺고, 푸는 네 단계로 이루어지는 형식이다. 곡이 시작해서 가락이 덧붙여지다가 마침내 절정을 이루고 풀면서 끝맺는 식이다. 〈영산회상〉 가운데 여러 곡들이 네 부분으로 이루어지며, 종묘제례악의 〈보태평〉과 〈정대업〉의 가락도 거의 네 부분으로 이루어진다. 한시나 소설에서 흔히 쓰는 '기(起)-승(承)-전(轉)-결(結)'의 짜임과 비슷하다.

악보

   음악의 높낮이, 길이, 세기, 음빛깔 들을 일정한 기호를 써서 기록한 것을 악보라고 한다. 우리나라에서는 고려 시대부터 육보, 율자보, 합자보 같은 악보를 만들어 그것을 보고 음악을 연주해 왔다. 조선 시대에 이르러 세종이 새 악보인 정간보를 만들어 오늘날까지 국악 악보로 널리 쓰이고 있다.

   정간보는 칸 생김새가 우물 정(井) 자와 닮았다고 해서 이런 이름이 붙었다. 그때의 악보가 음높이만 나타낼 뿐 길이를 나타낼 수 없음을 안타깝게 여긴 세종 대왕이 궁리 끝에 만든 악보이다. 음높이와 길이를 함께 나타낼 수 있는 악보를 '유량악보'라고 하는데, 정간보는 우리나라뿐만 아니라 동양에서도 처음으로 만들어진 유량악보이다.

   정간보는 원고지처럼 가로세로로 네모난 칸을 여러 개 나누어 그린 다음 칸 속에 십이율명의 첫 글자를 써넣어 음높이를 나타낸다. 음길이는 칸 수로 나타낸다. 오른쪽에서 왼쪽으로, 위에서 아래로 본다.

정간보를 읽기 쉽도록 가로로 간단하게 만들어 쓰기도 한다.

오선보는 10세기 무렵 유럽에서 만든 악보이다. 가로로 나란한 줄 다섯 개 위에 여러 가지 음표를 써서 나타낸다. 음높이와 음길이를 음표 하나에 담아 나타낼 수 있어서 전 세계에서 가장 널리 쓰인다. 오늘날에는 국악 악보를 오선보에 적기도 한다.

국악기 분류

예로부터 악기를 어떤 재료로 만들고 언제 어떻게 써 왔으며 어떻게 나누었는지는 《삼국사기》나 《고려사》〈악지〉, 《악학궤범》, 《증보문헌비고》 같은 책에 나와 있다.

그 가운데 《증보문헌비고》에서는 악기에서 소리가 나는 부분을 무엇으로 만들었는지에 따라 악기를 여덟 가지로 나누었는데, 이 여덟 악기와 그 소리를 '팔음'이라고 하였다. 이 팔음에 따른 분류는 조선 시대로부터 오늘날까지 가장 전통적인 국악기 분류 방법으로 쓰이고 있다. 팔음은 다음과 같다.

금부(金部) – 쇠붙이로 만든 악기
   꽹과리, 나발, 방향, 양금, 운라, 자바라, 징, 특종, 편종

석부(石部) – 돌로 만든 악기
   특경, 편경

사부(絲部) – 실이나 줄로 만든 악기
   가야금, 거문고, 금, 당비파, 대쟁, 소공후, 수공후, 슬, 아쟁, 와공후, 월금, 향비파, 해금

죽부(竹部) – 대나무로 만든 악기
   단소, 당피리, 대금, 세피리, 소, 소금, 약, 적, 중금, 지, 퉁소, 향피리

포부(匏部) – 바가지로 만든 악기
   생황

토부(土部) – 흙(소라 껍데기)으로 만든 악기
   나각, 부, 훈

혁부(革部) – 가죽으로 메워 만든 악기
   갈고, 건고, 교방고, 노고, 노도, 뇌고, 뇌도, 삭고, 소고, 영고, 영도, 용고, 응고, 장구, 절고, 좌고, 중고, 진고

목부(木部) – 나무로 만든 악기
   박, 어, 축, 태평소

세종 때 쓰여진 《악학궤범》에서는 고려 시대까지 써 온 악기를 그 계통에 따라 향악기, 당악기, 아악기로 나누고 있다.

향악기 – 우리나라에서 만들어져 전해 내려온 우리 고유의 악기
  가야금, 거문고, 대금, 향비파, 향피리

당악기 – 중국 당나라 악기와 외국에서 중국을 거쳐 우리나라에 들어온 악기
  교방고, 당비파, 당피리, 대쟁, 박, 방향, 아쟁, 월금, 장구, 태평소, 퉁소, 해금

아악기 – 중국 송나라에서 제례악과 함께 들여온 악기
  건고, 금, 노고, 노도, 뇌고, 뇌도, 부, 삭고, 생황, 소, 슬, 약, 어, 영고, 경도, 응고, 적, 절고, 지, 진고, 축, 특경, 특종, 편경, 편종, 훈

오늘날에는 서양식 분류 방법에 따라 **현악기**, **관악기**, **타악기**로 나누기도 한다.

현악기 발현 악기 – 손가락이나 도구로 줄을 뜯어서 소리를 내는 악기
  가야금, 거문고, 공후, 금, 당비파, 대쟁, 슬, 월금, 향비파

  찰현 악기 – 줄을 문질러서 소리를 내는 악기
  아쟁, 해금

  타현 악기 – 줄을 채로 쳐서 소리를 내는 악기
  양금

관악기 횡적 – 가로로 부는 악기
  대금, 소금, 중금, 지

  종적 – 세로로 부는 악기
  나각, 나발, 단소, 당피리, 생황, 세피리, 소, 약, 적, 태평소, 퉁소, 향피리, 훈

타악기 유율 악기 – 가락이 있는 타악기
  방향, 운라, 특경, 특종, 편경, 편종

  무율 악기 – 가락이 없는 타악기
  갈고, 건고, 교방고, 꽹과리, 노고, 노도, 뇌고, 뇌도, 박, 부, 삭고, 소고, 어, 영고, 영도, 용고, 응고, 자바라, 장구, 절고, 좌고, 중고, 진고, 징

《악학궤범》 펼쳐 보기

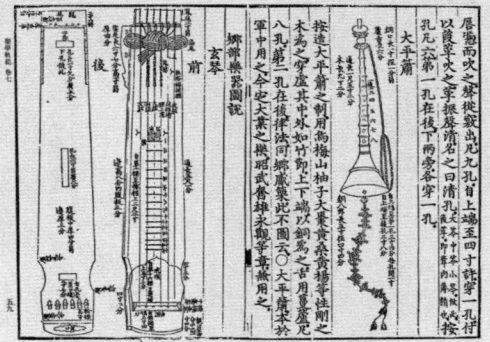

《악학궤범》은 1493년 조선 성종 때 만든 음악 책이다. 궁중 음악과 무용에 관한 일을 맡아 했던 장악원에서 성종의 명을 받아 펴냈는데, 조선 시대 음악에 대한 모든 것을 담았다. 모두 아홉 권으로 향악, 당악, 아악에 대한 내용과 함께 악기, 음악, 무용 들이 글과 그림으로 자세하게 정리되어 있다.

악기의 생김새, 크기, 만드는 재료, 연주법은 물론 음악을 연주할 때 입는 옷과 갖추는 장신구, 악기를 놓는 자리도 나와 있다. 음악에 맞추어 춤을 출 때는 여러 사람이 어떤 차림새로 어떤 꼴을 이루어 추는지도 보여 준다. 춤추는 사람들이 입는 옷과 장신구, 여러 가지 탈을 만드는 법도 있다. 조선 시대에 전쟁으로 불에 타서 없어진 악기가 많았는데, 훗날 《악학궤범》을 보고 되살려 만들기도 했다. 오늘날에도 우리 음악과 무용, 악기를 연구하는 데 큰 도움을 주고 있다.

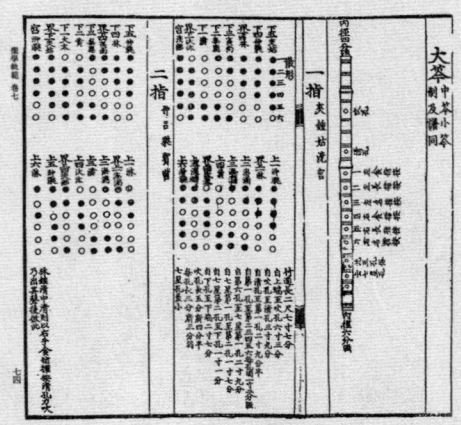

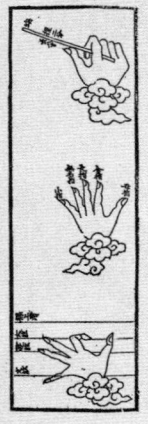

연주법

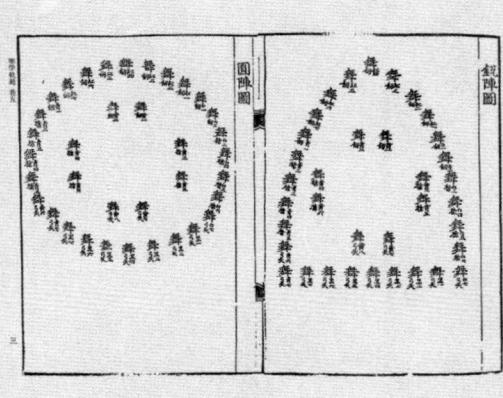
궁중 무용 배치도

학 탈

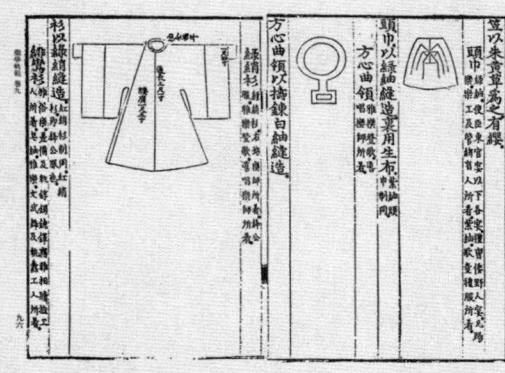
악공이 갖추는 옷과 장신구

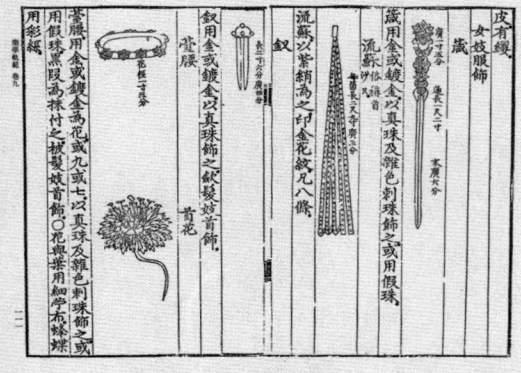
기녀들이 갖추는 장신구

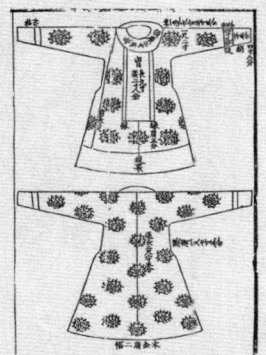
처용무 출 때 갖추는 탈과 옷

《악학궤범》 속 우리 악기

《악학궤범》에 나오는 악기 그림을 향악기, 당악기, 아악기 차례로 실었다. 이 그림들을 보면서 우리 악기의 옛 모습을 살펴보자.

향악기

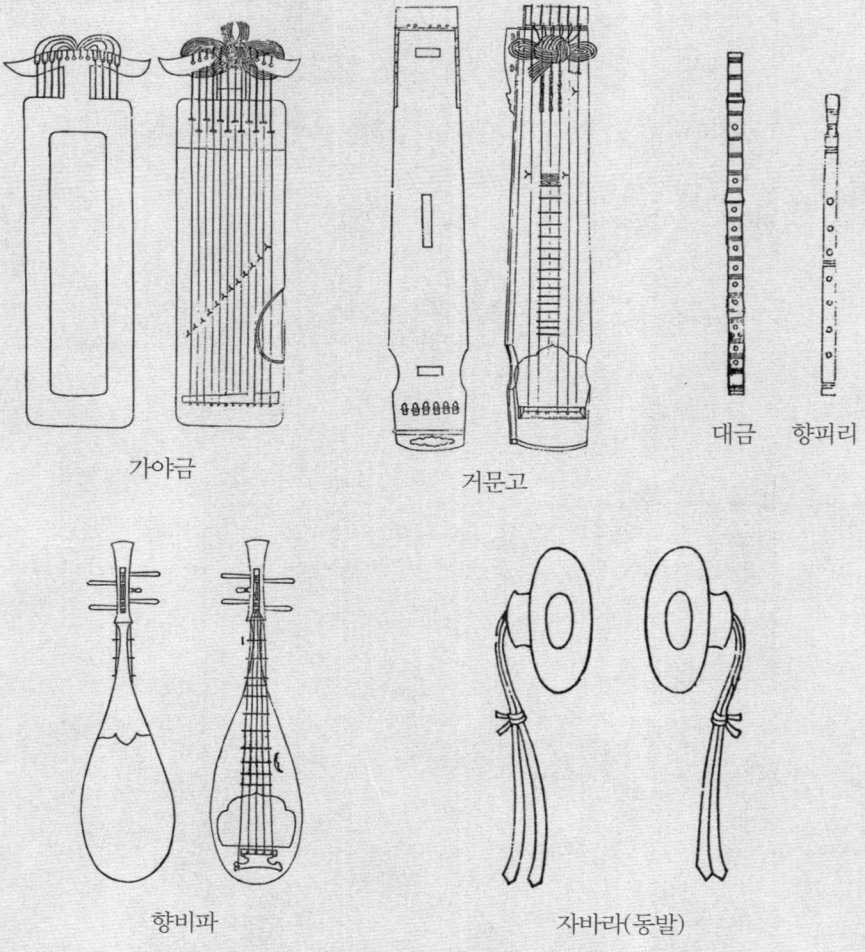

가야금   거문고   대금 향피리

향비파   자바라(동발)

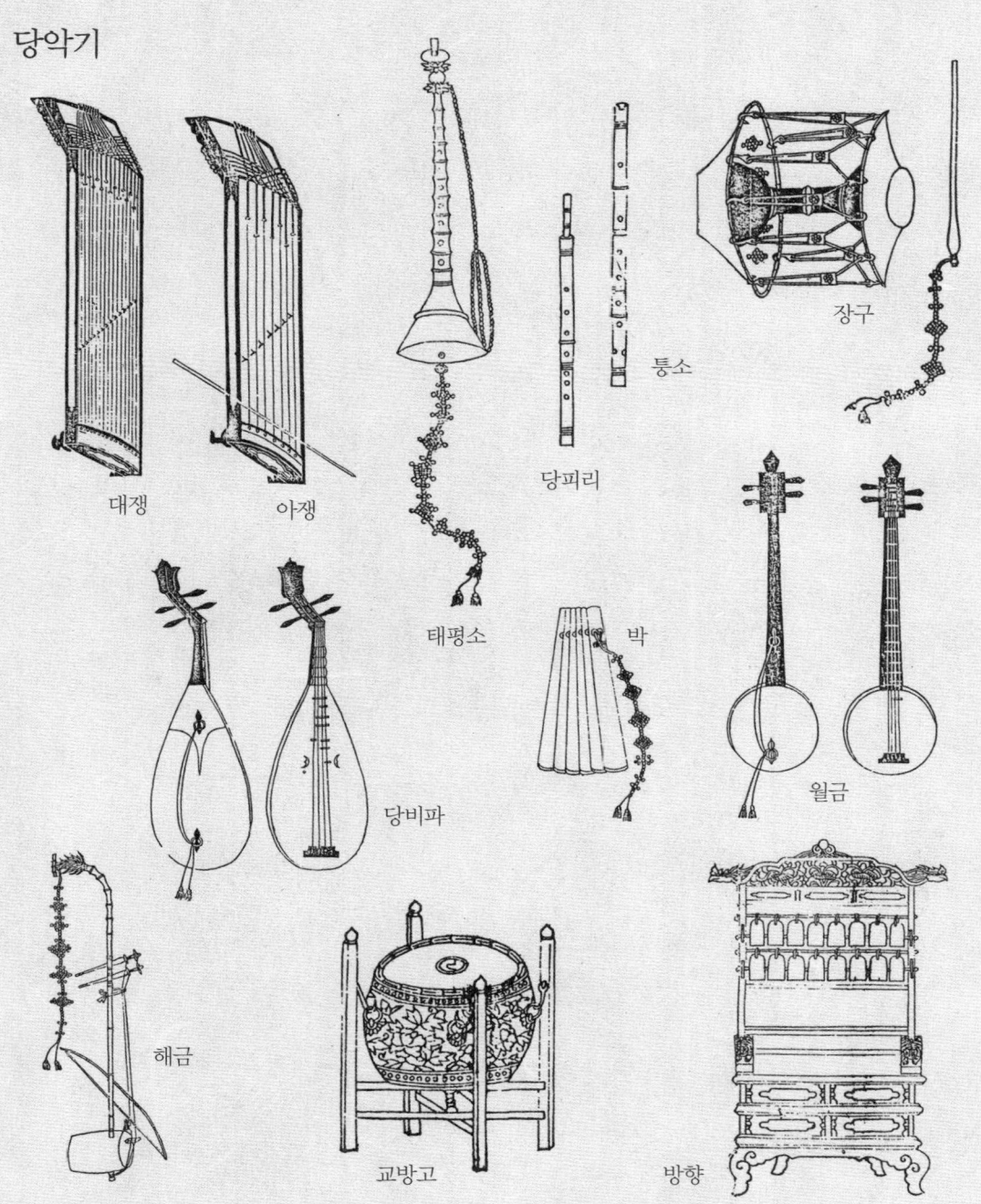

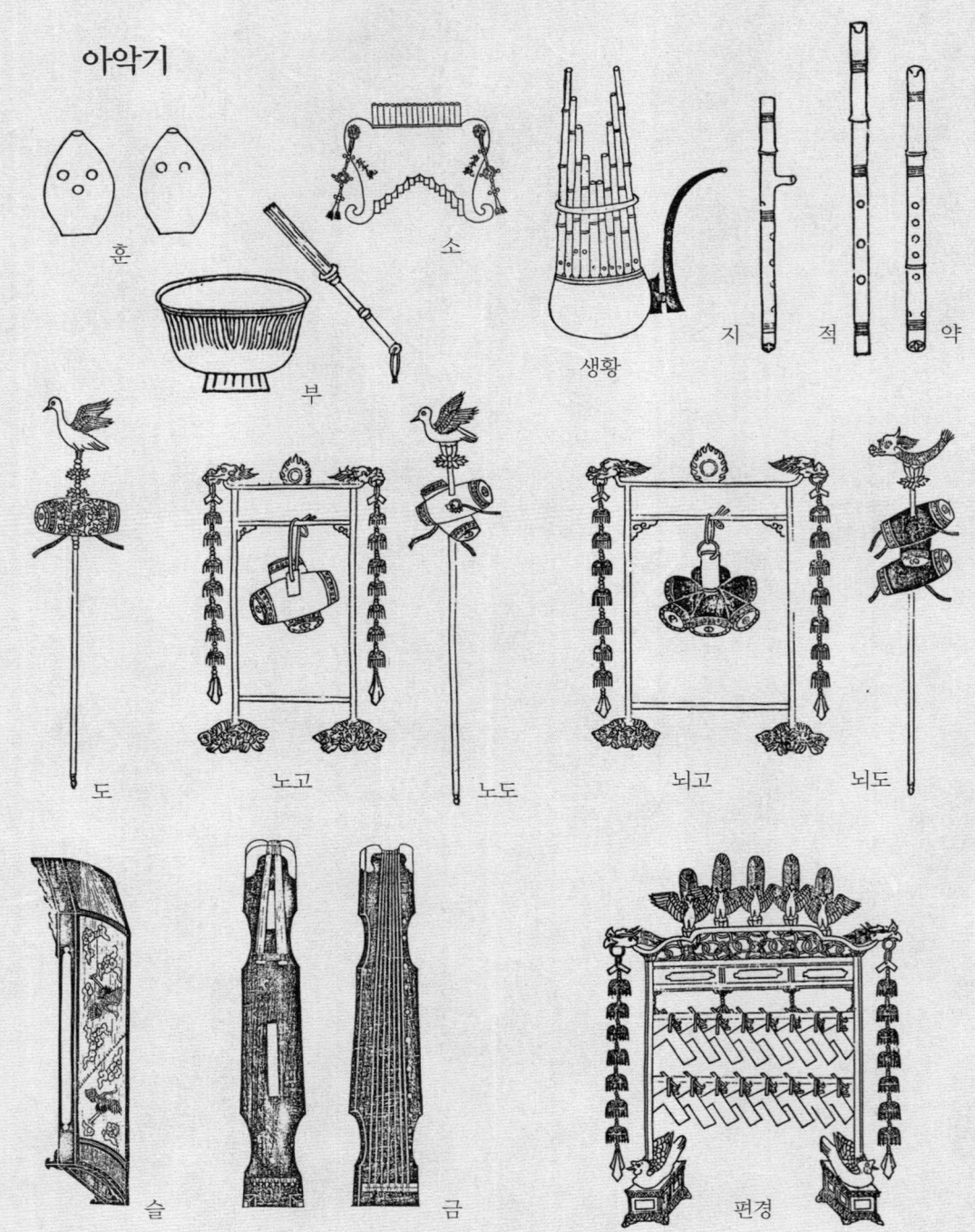
아악기

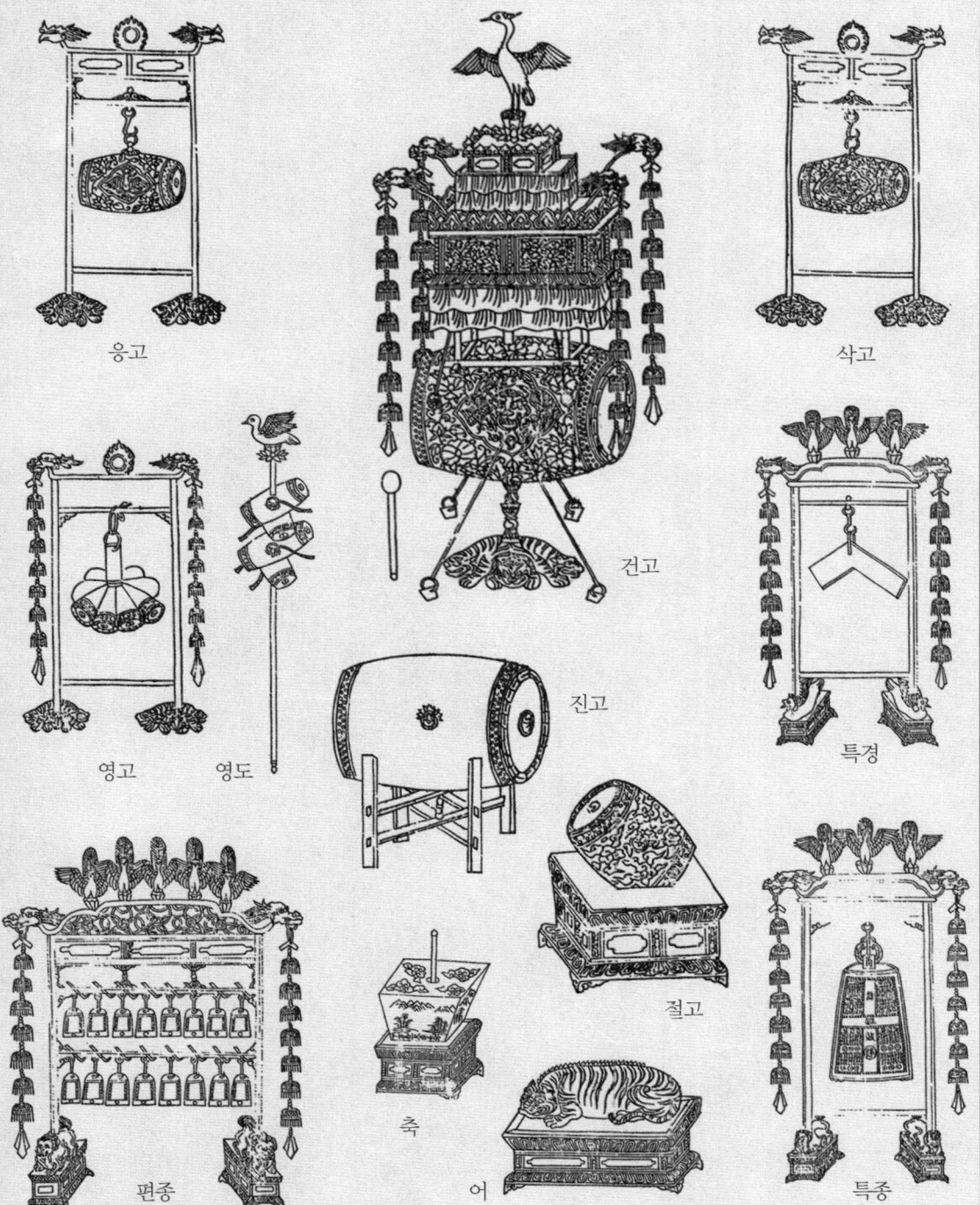

국악 용어 표준안

분류	대표 용어	다른 예
악기	가야금	가야고, 가얏고
	거문고	현금, 현학금
	건고	입고
	공후	
	교방고	
	금	칠현금, 휘금
	꽹과리	
	나각	소라, 고동
	나발	나팔
	노고	
	노도	
	뇌고	
	뇌도	
	단소	
	당비파	
	당피리	
	대금	젓대, 저대
	동발	
	목어	
	무고	
	박	박판
	방향	철향
	벅구	버꾸
	범종	
	법고	
	부	
	북	
	비파	
	삭고	
	산조가야금	
	산조아쟁	
	생황	
	세피리	
	소	
	소고	소북, 매구북, 매귀북, 매고
	소금	
	소리북	
	슬	
	아쟁	
	약	
	양금	서양금, 구라철사금
	어	
	영고	
	영도	
	요령	

분류	대표 용어	다른 예
	용고	
	운라	
	운판	
	응고	
	자바라	바라, 발
	장구(장고)	
	적	
	절고	
	정악가야금	풍류가야금, 법금
	제금	
	좌고	
	중금	
	지	
	진고	
	징	대금
	축	
	태평소	대평소, 호적, 쇄납, 새납, 날나리
	퉁소	퉁대, 통소, 퉁애
	특경	
	특종	
	편경	
	편종	
	풍물북	사물북
	피리	필율, 필률
	해금	깽깽이
	향비파	
	향피리	대피리
	훈	
악기 부분	각퇴	
	괘	
	동팔랑	
	부들	
	북편	
	서	혀
	술대	
	안족	기러기발
	양이두	
	원산	
	입죽	줏대, 기둥대
	조이개	부전, 새굴레, 축수
	조임줄	죄는줄, 진홍사, 홍진사, 축승, 숫바
	청가리개	청덮개

		청공				잡가
		채편				정악
		취구				줄풍류
		칠성공				창작국악	신국악, 신곡, 창작음악
연주, 가창 방법	기덕	겹채			판소리	
	농현				풍류음악	
	더	다			풍물놀이	농악, 굿, 매구, 매굿, 풍장, 풍물
	더러러러	요				
	덕	편			해금산조	
	덩	합, 쌍			향악	
	반규법	반규		악곡(곡명)	관악영산회상	표정만방지곡, 삼현영산회상
	시김새				낙양춘	기수영창지곡
	역취				닐리리야	닐리리야, 늴리리야, 릴리리야, 닐리리
					대취타	
장단	굿거리장단	굿거리			동동	세가락 정읍
	단모리장단	단몰이, 단몰이장단			문묘제례악	문묘악, 석전제악,
	살풀이장단	살푸리, 살푸리장단			응안지악	
	세마치장단	삼채, 빠른 진양, 세마치 장단			보태평	
	엇모리장단	엇몰이, 시님장단, 대왕놀이, 대학놀이			수제천	빗가락정읍, 정읍
					여민락	
	엇중모리장단	엇중모리, 엇중몰이			영산회상	
	자진모리장단	자진모리, 자진몰이			육자배기	
	중모리장단	중모리, 중몰이			정대업	
	중중모리장단	중중모리, 중중몰이			종묘제례악	
	진양조장단	진양, 진조, 진양조			취타	만파정식지곡, 수요남극지곡
	휘모리장단	휘모리, 휘몰이			현악영산회상	거문고회상, 중광지곡
악곡(갈래)	가곡			춤	나비춤	
	가사	12가사			무무	
	가야금산조				문무	
	거문고산조				밀양북춤	
	단가				바라춤	
	당악				법고춤	
	대금산조				설장구	설장고
	대풍류				아박무	동동
	민속악	민속음악, 민악, 속악			일무	
	민요				진도북춤	
	범패				처용무	
	불교음악			형식	메기고 받는 형식	메기고 받는 소리
	사물놀이				시조 형식	
	산조					
	삼현육각			이론	가락	
	시조				정간도	
	아악				한배	
	아쟁산조					

* 이 책에 나오는 국악 용어들은 국립국악원에서 공시한 교육용 국악 용어 표준안(2008년 12월)을 따랐습니다.

찾아보기

가
가야금(伽倻琴) 42
각퇴(角槌) 128
갈고(羯鼓) 25
거문고 46
건고(建鼓) 166
경쇠(磬-) 176
공무도하가(公無渡河歌) 195
공후(箜篌) 190
괘(棵) 46
교방고(教坊鼓) 84
군례악(軍禮樂) 80
금(琴) 120
꽹과리 14

나
나각(螺角) 86
나발(喇叭) 88
노고(路鼓) 112
노도(路鼗) 112
농현(弄絃) 214
농음(弄音) 214
뇌고(雷鼓) 116
뇌도(雷鼗) 116

다
단소(短簫) 68
담괘(擔棵) 54
당비파(唐琵琶) 202
당악(唐樂) 22
당피리(唐--) 74
대금(大笒) 50

대금(大金) 14
대쟁(大箏) 196
대취타(大吹打) 80
도(鼗) 110
등가(登歌) 102

마
목어(木魚) 178
목탁(木鐸) 180
무고(舞鼓) 84
무무(武舞) 138
무율 악기(無律樂器) 219
문묘제례악(文廟祭禮樂) 103
문무(文舞) 138

바
바라춤(哱囉-) 97
박(拍) 124
발현 악기(撥絃樂器) 219
반규법(半窺法) 137
방향(方響) 128
범종(梵鐘) 182
법고(法鼓) 184
부(缶) 130
부들 54
불전 사물(佛殿四物) 175
비파(琵琶) 198

사
사물놀이(四物--) 13
삭고(朔鼓) 168
산조(散調) 40

산조가야금(散調伽倻琴) 42
산조대금(散調大笒) 50
산조아쟁(散調牙箏) 54
삼분 손익법(三分損益法) 210
삼죽(三竹) 50
삼현(三絃) 196
삼현육각(三絃六角) 66
상쇠(上-) 17
생황(笙簧) 204
서 30
세피리(細--) 74
소(簫) 132
소고(小鼓) 18
소공후(小箜篌) 194
소금(小笒) 53
소금(小金) 14
소리북 37
쇠청 192
수공후(豎箜篌) 193
수제천(壽齊天) 164
술대 46
슬(瑟) 122
시김새 214
십자공(十字孔) 130
쌍골죽(雙骨竹) 50

아
아박무(牙拍舞) 127
아악(雅樂) 22
아쟁(牙箏) 54
악학궤범(樂學軌範) 220
안족(雁足) 42

228

약(籥) 134
양금(洋琴) 70
어(敔) 140
여민락(與民樂) 165
연례악(宴禮樂) 164
역취(力吹) 137
영고(靈鼓) 118
영도(靈鼗) 118
영산회상(靈山會上) 67
오선보(五線譜) 217
와공후(臥箜篌) 192
요령(鐃鈴) 176
용고(龍鼓) 90
운라(雲鑼) 92
운판(雲版) 186
월금(月琴) 206
유율 악기(有律樂器) 219
율명(律名) 210
음계(音階) 210
응고(應鼓) 169
일무(佾舞) 138

자

자바라(啫哱囉) 94
장구 22
장단 212
적(笛) 136
절고(節鼓) 142
정간보(井間譜) 216
정악 가야금(正樂伽倻琴) 42
정악 대금(正樂大笒) 50
정악아쟁(正樂牙箏) 54

제례악(祭禮樂) 106
조이개 22
조임줄 22
종교 음악(宗敎音樂) 172
종묘제례악(宗廟祭禮樂) 102
종적(縱笛) 219
좌고(座鼓) 170
주(柱) 196
중고(中鼓) 98
중금(中笒) 52
지(篪) 144
지공(指孔) 30
진고(晉鼓) 146
집박(執拍) 124
징 26

차

찰현 악기(擦絃樂器) 219
청 50
청가리개 50
청공(淸孔) 50
축(柷) 148
취구(吹口) 30
취타(吹打) 81
칠성공(七星孔) 50

타

타현 악기(打絃樂器) 216
태평소(太平簫) 30
퉁소 58
특경(特磬) 150
특종(特鐘) 152

파

팔음(八音) 218
편경(編磬) 154
편종(編鐘) 158
풍류음악(風流音樂) 66
풍물놀이(風物--) 12
풍물북(風物-) 34
피리 74

하

해금(奚琴) 60
향비파(鄕琵琶) 200
향악(鄕樂) 22
향피리(鄕--) 74
헌가(軒架) 102
황죽(篁竹) 50
횡적(橫笛) 219
훈(塤) 160
휘(徽) 120

현악기

발현 악기

거문고 46
대쟁 196
산조가야금 42
정악가야금 42
소공후 194
수공후 193
월금 206
와공후 192

금 120

슬 122

향비파 200

당비파 202

찰현 악기

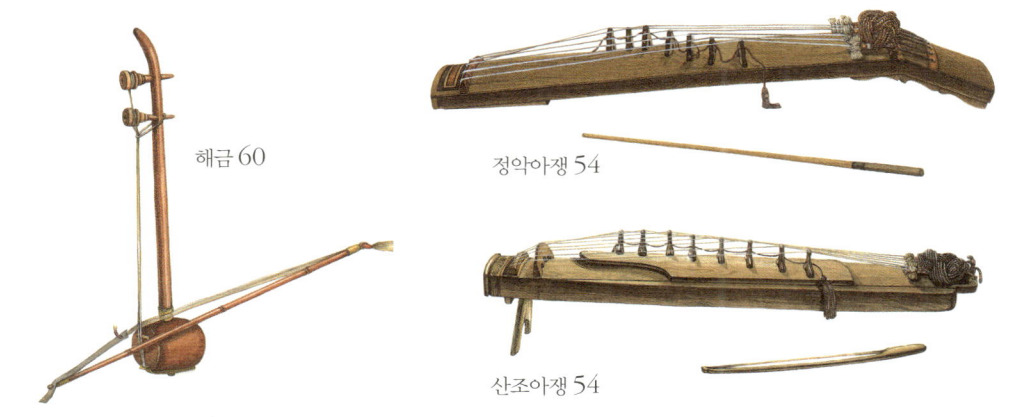

해금 60

정악아쟁 54

산조아쟁 54

타현 악기

양금 70

관악기

횡적 악기

정악대금 50

산조대금 50

소금 53

지 144

중금 52

종적 악기

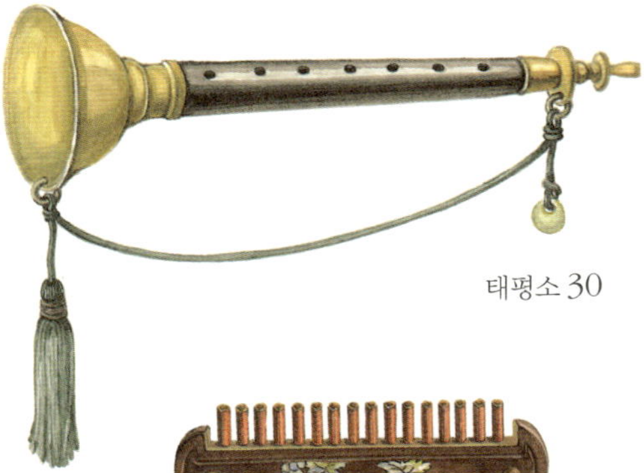

태평소 30

나발 88

소 132

나각 86

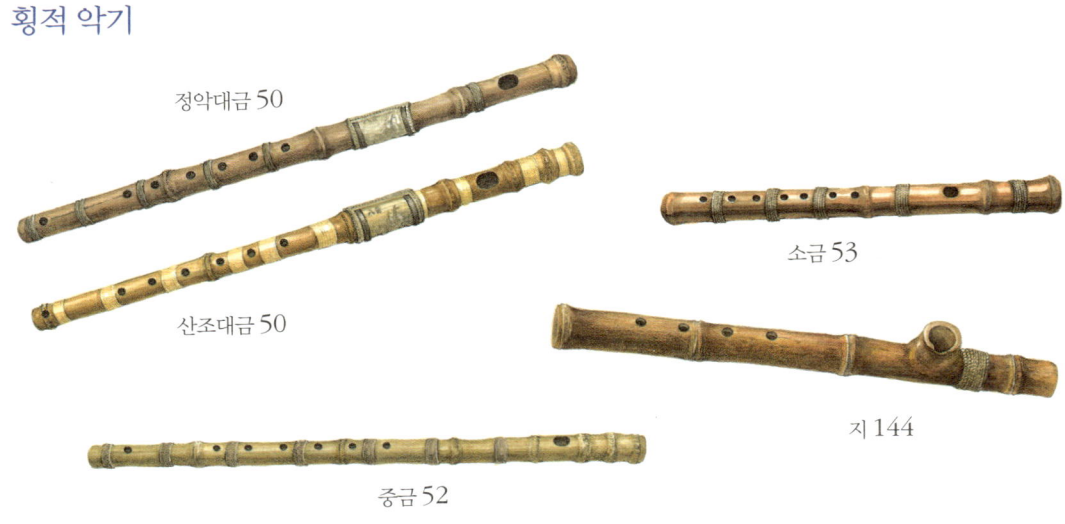

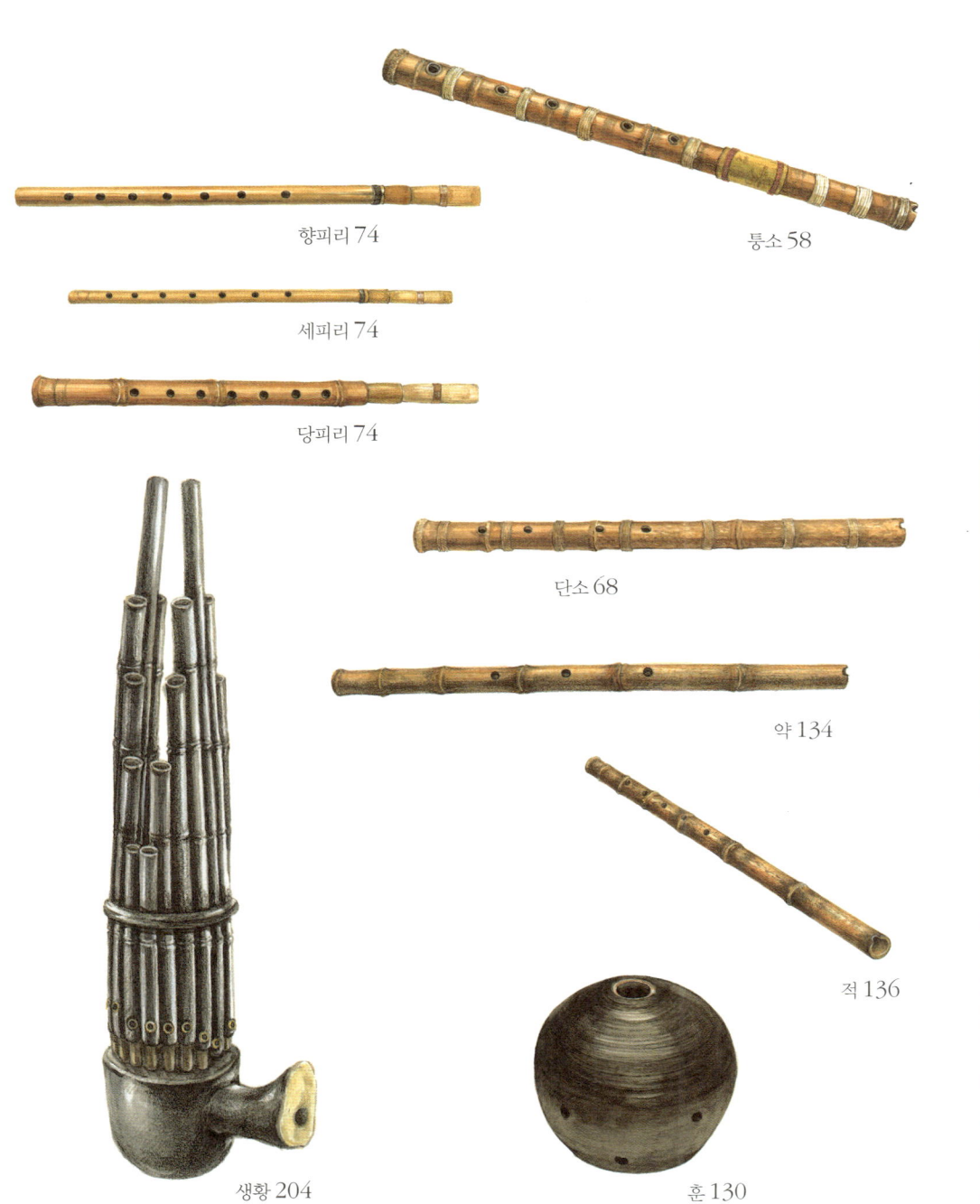

타악기

유율 악기

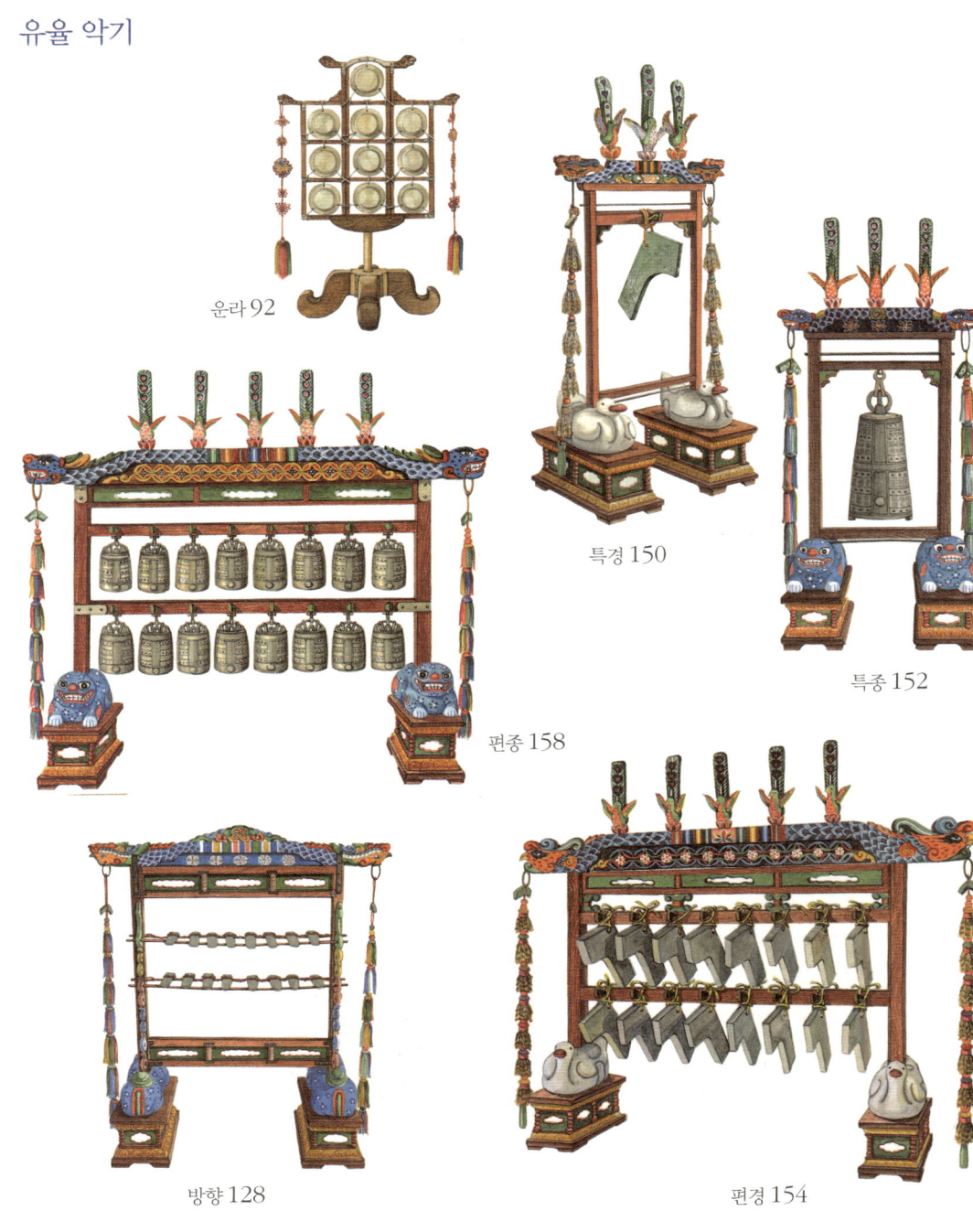

운라 92
특경 150
특종 152
편종 158
방향 128
편경 154

무율 악기

중고 98
교방고 84
좌고 170
삭고 168
건고 166
응고 169
절고 142
용고 90
진고 146

타악기

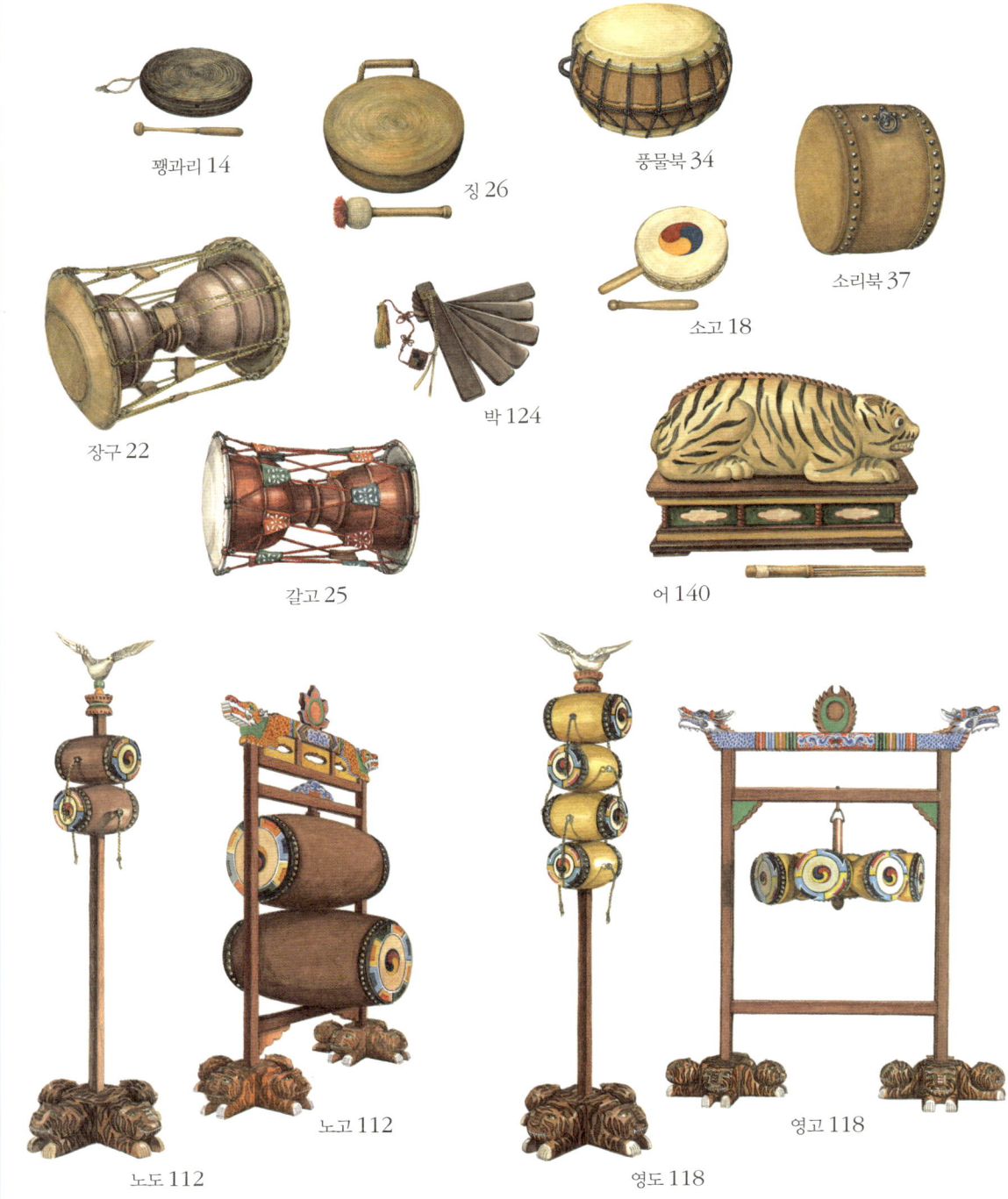

참고한 책

《구성요소로 보는 국악곡》(최태현, 1993, 현대음악출판사)

《국악감상》(전인평, 1993, 중앙대학교출판부)

《국악개론》(장사훈·한만영, 1975, 한국국악학회)

《국악대사전》(장사훈, 1991, 세광음악출판사)

《국악통론》(박기환, 1976, 형설출판사)

《국악총론》(장사훈, 1985, 세광음악출판사)

《국역악학궤범》(이혜구, 1978, 민족문화추진회)

《농악》(정병호, 1986, 열화당)

《두산세계대백과사전》(두산동아 편집부, 2002, 두산동아)

《맛있는 음악 공부 - 우리 음악편》(이성재, 2008, 청년사)

《민족과 굿》(민족굿회, 1978, 학민사)

《민족음악의 지평》(이미경, 1986, 한길사)

《산조 연구》(김해숙, 1987, 세광음악출판사)

《새로운 한국음악사》(전인평, 2000, 현대음악출판사)

《악기》(재미마주, 1995, 길벗어린이)

《알기 쉬운 국악개론》(권덕원 외, 2001, 풍남)

《열린 음악의 세계》(이강숙, 1980, 도서출판 은애)

《우리 옛 악기》(장사훈, 1990, 대원사)

《우리가 정말 알아야 할 우리 음악》(전인평, 2007, 현암사)

《음악은이》(홍정수·조선우, 2000, 음악춘추사)

《음악적 모국어를 위하여》(이강숙, 1985, 현음사)

《이왕직아악부의 음악인들》(국립국악원, 1991, 국립국악원)

《재미있는 국악 길라잡이》(이성재, 1994, 서울미디어)

《전통음악개론》(김해숙·백대웅·최태현, 1995, 어울림)

《조선음악통론》(함화진, 1948, 을유문화사)

《종묘제례악》(국립문화재연구소, 2008, 민속원)

《토종문화와 모듬살이》(홍석화, 1997, 학민사)

《한국 음악의 이해》(손태룡, 2007, 영남대학교출판부)

《한국 종교 이야기》(최준식, 1995, 한울)
《한국국악전사》(재단법인 한국국악협회, 1988, 교육개발공사)
《한국불교음악연구》(한만영, 1981, 서울대학교출판부)
《한국악기》(송혜진·강운구, 2001, 열화당)
《한국악기대관》(장사훈, 1986, 서울대학교출판부)
《한국음악개론》(손태룡, 1996, 동진음악출판사)
《한국음악논집》(이혜구, 1988, 세광음악출판사)
《한국음악사》(장사훈, 1984, 세광출판사)
《한국음악의 이론과 논리》(이건용, 1987, 세광출판사)
《한국음악통사》(송방송, 1988, 일조각)
《한국음악학 논저해제》(송방송, 1981, 한국정신문화연구원)
《한국음악학》(이강숙, 1990, 민음사)
《한국의 민속예술》(임재해, 1988, 문학과 지성사)
《한국의 전통악기》(손태룡, 2003, 영남대학교출판부)
《한국의 판소리》(정병욱, 1982, 집문당)
《한국전통음악 분석론》(백대웅, 2003, 도서출판 어울림)
《한국전통음악의 선율구조》(백대웅, 1995, 대광출판사)
《한국전통음악의 연구》(장사훈, 1975, 보진재)
《호남농악》(김천흥 외, 1965, 문화재관리국)

참고한 인터넷 사이트

국가문화유산포털 http://www.heritage.go.kr/
국립국악원 http://www.ncktpa.go.kr/
국악방송 http://www.gugakfm.co.kr/
문화체육관광부 http://www.mcst.go.kr/
성균관 http://www.skkok.com/
한국콘텐츠진흥원 http://www.culturecontent.com/

글 안미선

　1975년 산으로 둘러싸인 봉화에서 태어나 영주에서 자랐습니다. 어릴 때부터 안동에 있는 큰집에 종종 가서 어른들이 해 주는 옛날이야기와 노래를 들으며 우리 것에 대한 관심을 가지게 되었습니다. 대학교에서는 국어국문학을 공부했고 풍물패에 들어가 사물놀이와 탈춤을 배워 마당극을 공연하기도 했습니다. 국악연구회에서 우리 음악과 악기를 만나기도 했지요. 월간《작은책》에 사람들 사는 이야기를 담아 오다 아이들한테 우리 음악과 악기 이야기를 조곤조곤 들려주는 마음으로 이 글을 썼습니다.

세밀화 임희정

　1970년 따뜻한 봄날에 서울에서 태어났습니다. 어릴 때부터 차창 밖 풍경을 보며 여행하는 것을 좋아했고, 그 풍경을 그림으로 그려 내는 것이 큰 즐거움이었습니다. 서울예술고등학교와 이화여자대학교에서 미술을 공부하고 디자인대학원에서는 직물 디자인을 공부했습니다. 학교 공부를 마치고 나서는 대학교에서 학생들을 가르치면서 이불과 커튼에 그림 그리는 일과 카펫 디자인을 했지요. 우리 악기를 세밀화로 그리면서 즐거운 경험을 한 가지 더 얻었습니다.

연주그림 이종민

　1969년 경기도 의정부에서 태어났습니다. 경기대학교 서양화과를 졸업하고 공공 미술 단체 '그림공장'에서 삽화와 평면 및 설치 미술을 하면서 많은 것을 보고 배웠습니다. 이번에 그림을 그리면서 우리 악기가 이렇게 많다는 것을 처음 알게 되었습니다. 그냥 지나치거나 잊고 살기에는 우리 산과 들, 물, 거기서 빚어낸 모든 것들은 너무나 아름답고 소중하다고 생각합니다. 그 모든 것을 훌륭한 그림으로 이야기하는 화가가 되고자 노력하고 있습니다.